CheckMATE로 알아보는
RPA의 가능성과 미래

CheckMATE로 알아보는
RPA의 가능성과 미래

초판 1쇄 발행 2023년 10월 24일

지은이 김용준 · 시메이션 기술연구소
펴낸이 장현수
펴낸곳 메이킹북스
출판등록 제 2019-000010호

디자인 최미영
편집 최미영
교정 강인영
마케팅 김소형

주소 서울특별시 구로구 경인로 661, 핀포인트타워 912-914호
전화 02-2135-5086
팩스 02-2135-5087
이메일 making_books@naver.com
홈페이지 www.makingbooks.co.kr

ISBN 979-11-6791-445-3(93000)
값 18,000원

ⓒ 김용준 · 시메이션 기술연구소 2023 Printed in Korea

잘못된 책은 구입하신 곳에서 바꾸어 드립니다.
이 책의 전부 또는 일부 내용을 재사용하려면 사전에 저작권자와 펴낸곳의 동의를 받아야 합니다.

홈페이지 바로가기

메이킹북스는 저자님의 소중한 투고 원고를 기다립니다.
출간에 대한 관심이 있으신 분은 making_books@naver.com으로 보내 주세요.

CheckMATE로 알아보는

RPA의
가능성과 미래

김용준 | 시메이션 기술연구소

머리말

사람은 누구나 일을 하며 살아간다.

누구나 직업을 가지고 정해진 자리에서 맡은 바 업무를 수행하고 그에 따른 대가로 돈을 벌어 필요한 곳에 사용하며 살아가고 있다. 사람의 수만큼 일의 종류도 많고 업무를 수행하는 방식들도 다양해지게 되는데 어떤 일은 단순한 방식으로 수행되고 또 어떤 일은 고민하고 많은 생각을 통해 수행해야 하는 일도 있다. 다시 말해 특정 방식에 의해서 계속 반복되는 형태의 업무가 있고 무언가 창의적으로 생각하고 결정이 필요한 업무가 있을 수 있다.

1936년에 개봉한 찰리 채플린 주연의 〈모던 타임즈〉라는 영화가 있다. 영화 초반부에 찰리 채플린은 공장의 볼트를 조이는 일을 하고 있는데 매우 단순한 작업이지만 작업해야 하는 볼트의 수가 매우 많고 일정한 속도로 볼트를 조이지 않으면 다음 사람이 하는 일에 지장을 주고 불량품이 속출하여 찰리 채플린은 벌레가 얼굴에 달려들어도 몸이 간지러워도 쉬지 못하고 일을 할 수밖에 없다. 이때 이 회사 사장에게 한 가지 제안이 들어온다. 자동으로 점심식사를 할 수 있는 기계의 도입을 제안하며 점심시간에도 공장을 가동할 수 있다는 점을 장점으로 들어 타 업체와의 생산성 경쟁에서 우위를 점할 수 있다고 설명한다. 예나 지금이나 기업 간 경쟁은 치열하고 타 업체와의 경쟁에서 우위를 점하고자 많은 노력과 시도를 하는 것이다. 그것의 한 방법으로 영화에서는 일꾼들이 볼트를 조이는 업무를 쉬지 않고 할 수 있도록 식사를 도와주는 기계가 등장한다.

[영화 〈모던 타임즈〉 중]

하지만 직원들이 자동으로 점심을 먹을 수 있게 하는 기계가 아니라 볼트를 자동적으로 조일 수 있는 기계를 도입했다면 어떨까? 다시 말해 단순하고 반복적이며 일정하게 수행해야 하는 업무를 사람이 아닌 기계가 대신 수행을 해줄 수 있다면? 업무자동화(이하 RPA)는 바로 이러한 생각에서 시작한다.

모양과 매체만 다를 뿐 디지털시대라 불리는 현대 사회에서도 이처럼 공장의 볼트를 조이는 듯한 단순한 업무가 분명히 존재한다. 실제로 데이터를 취합해서 정기적으로 제출해야 하는 문서를 만들어 보고하는 업무가 있었다. 특정 웹 사이트에 접속하여 전체 데이터를 검색한 후 필요한 데이터만 상세 조회하여 정해진 엑셀 포맷에 맞게 정리한 후 만들어진 엑셀을 메일로 보고하는 형태의 업무였는데, 해당 보고서를 작성하기 위해서는 담당자가 평소에 자신이 하던 업무를 중단하고 하루 종일 수행해야 했고 데이터가 많을 경우 2~3일 동안 해당 업무를 수행하여 보고서 작성에 매달려야 했다. 이로 인해 다른 업무를 수행할 수 없어 담당자에게 주어진 다른 업무들은 지연이 발생하는 경우도 있다고 하였다. 단순 비교할 수는 없겠지만 영화처럼 볼트를 조이는 업무와 위와 같이 데이터를 취합한 보고서를 만드는 것은 많은 양의 업무(작업하는 볼트 수= 조회하는 데이터 양)를 단순 반복적으로 수행하는 관점에서 비슷하다고 할 수 있겠다. 예시의 업무를 보고 혹자는 말할 수 있다. "그러면 데이터를 취합해서 한 번에 다운로드받을 수 있는 기능을 시스템에 추가하면 되지 않을까?" 물론 가능한 이야기이다. 〈모던 타임즈〉의 내용과 빗대어 표현하자면 공장의 기계 자체에 볼트를 조이는 기능을 덧붙이자는 것이니 안 될 소지는 없을 것이다. 하지만 기능을 추가하기 위해서는 기계 자체를 수정해야 하는데 그러자면 기계를 멈춰야 하지 않을까? 기계가 멈추며 발생하게 되는 손해는? 아니면 필요한 기능이 포함된 기계를 새로 구입하여 공장에 배치해야 하는가? 분명 쉽지 않고 시간과 예산이 많이 소요되는 일이 될 것이다.

　기업들은 이러한 상황을 타개하고 개선하고자 많은 고민을 하고 끊임없이 요구하였다. 그 결과 '4차 산업 혁명', 'Digital Transformation' 등과 같은 용어가 생겨나고 많은 기업들은 경쟁적으로 업무 혁신을 이루어 가는 추세이다. 그리고 RPA를 포함해 프로세스 마이닝(Process Mining), A.I(Artificial Intelligence), 챗봇(ChatBot) 등과 같이 사람의 업무를 수행하는 데 도움을 줄 수 있는 많은 기술들이 생겨나고 있다. 각 분야마다 어느 것 하나 중요하지 않은 것은 없겠지만 현재 가장 주목을 받고 있는 것은 RPA일 것이다. RPA는 실제 사람이 PC로 작업하는 동작들을 그대로 구현하거나 사람이 하지 못하던 빠르고 정확한 업무 처리를 할 수 있어 업무 효율 증가를 가장 체감하기 쉬운 기술일 것이다. 실제로 위의 예시에서 소개한 하루를 소비하여 만들던 보고서였는데, RPA를 통해서는 10분 만에 만들어지는 것을 보고 담당자분이 매우 만족하셨던 것을 기억하고 있다. 하지만 RPA의 진정한 가치는 단순히 보고서만 빠르게 만들어지는 것에 그치지 않는다. 활용 면에 있어서 무궁무진한 가능성을 가지고 있다.

본 서적은 단순히 반복적인 업무를 대신해 주는 업무 자동화가 아니라 진정한 의미의 'Digital Transformation'을 이루는 것을 목표한다. 또한 인간과 RPA가 함께 이루는 진정한 협업의 완성을 위해 인간이 가지는 창의성, 독창성이 RPA가 가지는 정확성, 신속성을 만나 효율적인 업무 시너지를 창출하는 과정과 그 과정에서 꼭 필요한 RPA에 대한 이해를 함께 확인해 보고자 한다.

목차

머리말   4

1. 업무 자동화 RPA(Robotic Process Automation)

   1.1 RPA vs RDA   14
   1.2 RPA의 문제점과 한계   15

2. RPA에 왜 열광하는가

   2.1 시장 현황   20
   2.2 효과   22
   2.3 가능성   26
   2.4 연계   28

3. RPA 적용 기술

3.1 이미지 매칭(Image Matching)   34

3.2 오브젝트 매칭(Object Matching)   50

3.3 광학 문자 인식

    (Optical character recognition - OCR)   93

3.4 Multi Space(One PC - Multi Space)   105

3.5 물리 키보드 입력 컨트롤   106

3.6 Mobile 컨트롤(Android/ iOS)   107

3.7 Virtual Bot Script(Request와 Response)   110

3.8 Single Zone   113

3.9 Mail Protocol   118

3.10 FTP Protocol   134

3.11 Telnet Protocol/ SSH Protocol   149

3.12 Excel 자동화   163

3.13 Trigger   185

3.14 Bot 원격 제어   190

3.15 Schedule Bot과 Queue Bot   202

3.16 CheckMATE Capture(Non-Script)   216

4. 자동화 업무 선정과 Task Mining

4.1 Task Mining이란?   230
4.2 자동화 대상 선정   231

5. AI OCR

5.1 OCR vs AI OCR   236
5.2 AI OCR 적용 기술   239

6. RPA 도입 시 고려 사항

6.1 RPA 도입 전 고려 사항   244
6.2 RPA 프로젝트 시작!   260
6.3 RPA의 완성   268
6.4 RPA를 운영하다   276

7. RPA와 AI의 미래

7.1 현재 AI의 현황   288
7.2 RPA와 AI의 확장성   294
7.3 RPA와 AI의 미래   296

8. 미리 보는 RPA 적용 기술

8.1 CDA(Cognitive Document Automation)   303

8.2 Auto Vision   305

8.3 STT/ TTS Auto Recoding   307

8.4 ChatGPT   310

1

업무 자동화 RPA (Robotic Process Automation)

1.1 RPA vs RDA

    RPA(Robotic Process Automation)라는 용어가 익숙해지기도 전에 RDA(Robotic Desktop Automation)란 용어가 등장하게 된다. 자동화를 한다는 개념은 RPA와 동일하지만 RPA는 공통 업무 및 관리 측면에서 자동화를 한다면 RDA는 개인 업무와 사람과 서로 상호작용을 한다는 점에서 차이가 분명히 존재한다. 예를 들면 기업 내부 업무 중 기업에서 공통으로 처리해야 하는 업무는 모니터링 및 관리의 주체는 운영 전담 부서에 있다. 그러나 직원 개개인의 업무 및 개인의 자동화 절차는 관리의 주체는 개개인이 되며, 무한한 가능성을 보여준다. 기본적으로 RDA라 함은 개인 PC나 노트북에 Tool처럼 설치되어 마치 Office 프로그램을 사용하는 것과 같다. S/W 솔루션 입장에서 RDA의 기본 요건은 RDA 자체의 스케줄이 되어야 하며, 트리거와 같은 이벤트성 On-Demand 수행이 가능해야 한다. 또한 사용자가 PC를 사용하고 있을 때에도 자동화는 수행될 수 있으면서 그에 따른 결과나 입력은 사용자에게 선택할 수 있는 행위를 포함해야 진정한 RDA 시스템 및 솔루션이라 할 수 있겠다.

[RPA vs RDA]

RPA	RDA
RPA 로봇과 상호 작용하는 사용자 없음	사용자의 개입이나 반자동 수행 가능
통합 관리로 로봇 제어 관리	직원 개인 PC에서 스케줄 및 직접 수행
스케줄링을 통한 주기적인 업무 처리	업무 중에도 수시로 자동화 수행

RPA	RDA
스케줄에 의해 수행된 결과 피드백	자동화 수행 후 결과 즉시 피드백
공통 업무에 적합	개인 업무에 적합(1인 1로봇)
프로세스 효율 향상	개인 업무 생산성 향상, 개인비서

그렇다면 기업에서는 RPA와 RDA 중에 어떤 것이 적합할까, 라고 한다면 답은 둘 다 적합하다. RPA와 RDA 중 어떤 시스템을 먼저 적용할지에 대한 차이는 있을 수 있어도 기업 내부의 공통 업무와 개인 업무는 모두 존재하기 때문이다.

1.2 RPA의 문제점과 한계

RPA는 그러면 어떤 문제점과 한계를 가지고 있을까? 자동화라고 해서 완벽한 것은 아니다. 현재의 RPA 시스템은 스크립트라는 일련의 행위를 녹화한 데이터를 기반으로 수행된다. 만약 웹 사이트에서 스크래핑을 하는 단순 반복 자동화 업무가 있다고 했을 때 자동화 대상인 웹 사이트가 개편이 되어 UI 및 기능이 변경되었다면 기존 운영 중인 스크립트를 수정하고 관리해야 한다. 심지어는 스크립트를 처음부터 끝까지 다시 만들어야 하는 수고가 생길 수도 있다. 스크립트를 공통 관리 운영하고 있지 않다면 이는 다시 새로운 일을 만들어 내기 때문이다. 이런 현상은 초기

RPA를 도입하고 구축할 경우 분석 설계가 잘못되었을 때 나타나기도 한다. RPA는 공통 관리되어야 할 자동화 스크립트(공통 모듈)와 업무별 관리되어야 할 자동화 스크립트(개별 모듈)로 관리되어야 하며, 운영 전담 부서의 꾸준한 모니터링과 관리가 필요하다.

RPA 시스템을 운영하다 보면 여러 가지 오류의 유형을 접할 수 있는데 유형별 대처 방안 및 유지 보수 계획을 세워 놓는다면 오류 발생 시 즉각 조치할 수 있는 체계를 구축할 수 있다.

[오류 유형 Top 3]

1. 브라우저 및 프로그램 실행 오류	· 화면 접속/로딩 지연 · 빈 화면 로딩 · 화면 정지
2. RPA 로봇 환경 오류	· PC 및 노트북, RPA 로봇 전용 PC 재부팅 · 내부 시스템의 Password 및 정책 변경 메시지 창 · Excel 처리 오류
3. 대상 시스템 변경 및 오류	· 사이트 접속 실패, Password 변경 · 화면 조회 실패 · 외부 사이트 접속 실패 및 세션 끊김 · 파일 업로드 실패 · 인증서 다운로드 실패 · 보안 프로그램 변경 · 보안 프로그램의 Hooking 행위로 인한 자동화 프로세스 정지

RPA는 초기 단순 반복 업무의 대체 수단으로 활용되었기 때문에 사람

의 인지(Cognitive)와 판단을 비정형적으로 정의할 수 없다. 명확한 산술적, 정형 데이터가 아닌 비정형이 이에 해당되는데 대표적으로 영수증 처리 업무를 예로 볼 수 있다. 신용카드 및 현금 사용 영수증은 판매처별, 결제사별 양식은 모두 다르다. 전국의 모든 영수증, 어떤 영수증이라 해도 총 사용 금액과 판매처, 일자 등을 자동으로 추출하기란 쉽지 않다. 물론 인공 지능(AI)과의 결합으로 많은 노력을 하고 있지만, 현실적으로 오류에 대한 대처를 어떻게 할지에 대한 해결책은 뚜렷하게 제시되고 있지 않다.

또 다른 한계점은 RPA시스템을 적용 운영 후 수개월, 수년이 지나게 되었을 때 대상 업무는 이제 더 이상 사람이 업무를 알지 못하게 된다는 점이다. 자동화를 운영 관리하고 모니터링, 오류 대처법만 익히게 되고 더 이상 사람이 업무를 처리하지 않다 보니 업무에 대한 이해보다는 자동화에 대한 이해가 우선시되게 된다. 물론 모든 업무에 해당되는 것은 아니겠지만 분명히 사람은 점점 업무 이해도가 떨어지게 될 것이다.

2

RPA에 왜 열광하는가

2.1 시장 현황

Digital Transformation은 이미 세계적인 추세이며 현재 진행 중인 트렌드이다. 미국의 정보 기술 연구 및 자문 회사 가트너는 〈2021년 전략 기술 트렌드〉에서 '초 자동화(Hyperautomation)'를 설명하며 다음과 같이 말한다.

> "Hyperautomation is the idea that anything that can be automated in an organization should be automated."

조직 내에서 자동화할 수 있는 것은 무엇이든 자동화해야 한다는 것으로 시간만 소비되고 불필요한 인적 자원의 소비를 없애야 한다는 것이다. 이렇게 필요한 부분을 모두 자동화한다고 말하며 2021년 전 세계 RPA 시장 규모는 약 18억 994만 달러(약 2조 994억 원)에 달할 것으로 예측했다. 가트너뿐만 아니라 HIS 리서치, 트랜스퍼런시 마켓 리서치 등 글로벌 시장 조사 기관들은 일찍이 RPA의 성장 가능성에 주목하며 성장률에 있어서는 연평균 약 30% 이상의 성장률을 보인다는 데 의견을 같이하고 있고 2025년까지 이러한 성장률 증가세를 유지할 것으로 전망한 기관도 있다. 국내 시장은 관련 조사 자료가 미비하여 정확한 규모는 아니지만 2019년 기준 약 1,000억 원 ~ 1,500억 원 규모로 추정된다. 이렇게 RPA 산업의 시장 규모가 증가하고 향후에도 증가세를 보일 거란 예측을 하게 된 몇 가지 근거들이 있다.

① 주 52시간 근무제 도입과 같이 사회 경제 전반의 근무 형태 변화
② 기업 간 Digital Transformation 경쟁 심화

③ 기술적 발전으로 인한 자동화에 대한 현실화

가까운 과거에만 해도 모든 직장이 토요일에도 근무를 하는 주 6일제 근무 형태를 가지고 있었다. 그것이 현재는 주 5일 근무제로 변화되었고 주 52시간 근무제는 2018년 공공기관, 공기업, 300인 이상 민간 사업장에서 최초 시행된 이후 2021년에는 50인 미만의 사업체에도 적용하게 된다. 이를 넘어서 향후 주 4일 근무제를 추진한다는 이야기도 선거 공약으로 심심치 않게 들려오고 있다. 노동자들의 삶의 질 향상을 위해 야근 시간을 줄이고 가족과 함께하는 시간을 늘리고자 가족의 날 행사를 진행하는 기업도 있다. 하지만 이런 좋은 취지의 제도들은 도입 초기에 오히려 당사자들에게 환영을 받지 못했다. 업무량은 정해져 있는데 업무 시간만 줄어드니 오히려 더 시간에 쫓기는 경우가 발생했기 때문이다. 업무량이 많을 경우 야근이 불가피한데 야근을 할 수 없는 환경이니 딜레마에 빠질 수밖에 없던 것이다.

초기에 기업들은 이를 해소하고자 회의의 단순화, 보고의 최소화, 문서의 간소화 등 많은 방안을 마련하고 시행하였으나 현실적인 문제에 부딪치며 큰 실효를 거두지 못하는 경우가 대다수였다. 기업들은 근본적인 문제점에 대해 생각해 보기 시작하고 이를 개선하고자 Digital Transformation을 계획하기 시작한다. 기술이 발전하며 이전에는 불가능해 보였던 일들을 할 수 있게 되며 업무 프로세스의 개선이 가능해졌고, 프로세스들이 개선되며 단순 반복적인 업무 구간이 명확하게 드러나기 시작했다. RPA는 이 구간에서 빛을 발하기 시작한다.

앞서 말한 예시와 같이 RPA는 단순 반복적인 업무의 시간을 획기적으로 줄여 줄 수 있다. 물론 좀 더 똑똑한 사용자들은 이러한 부분을 매크로나 엑셀 수식 등을 이용하여 속도를 향상시키고 업무와 자동화 구축 방향에 따라 ROI가 다르게 나올 수도 있지만 사람이 하던 것보다 속도와 정확도가 향상되는 건 확실하다. 이는 RPA가 단순한 매크로 등에서 해결할 수 없었던 많은 부분들을 해결할 기능들이 탑재되며 점점 진화하여 왔기 때문이다. 단순 반복 작업만을 의지하던 RPA에게 사람들은 더욱 많은 것들을 요구하였고, RPA는 이에 부흥하기 위해 기술이 발전하였으며 더욱 많은 일들을 수행하게 된다. 할 수 있는 일들이 점차 많아지고 RPA가 Digital Transformation의 한 축을 담당하게 되면서 현재 업무 혁신을 이루기 위한 기업들이 도입 대비 체감 효과가 가장 높은 RPA를 선택하고 있는 것이다. 이러한 이유로 RPA 시장은 지속적인 높은 성장세를 보여 왔고 향후 RPA의 진화로 더욱 많은 업무를 수용할 수 있을 것으로 예측되는 상황에서 가트너에서 정의한 초자동화를 이루게 되면 그 시장 규모와 성장률은 여러 조사 기관의 예측대로 큰 폭으로 상승하게 될 것이다.

2.2 효과

효과를 알아보기에 앞서 먼저 RPA에 기대되는 부분을 살펴보자. 사람들은 이 소프트웨어 로봇에 어떤 효과를 기대하고 있을까? RPA라는 개념을 처음 듣는 사람들이 대부분 가장 먼저 '어? 그럼 내가 하고 있는 업무를 로봇이 자동으로 해 준다는 거네?'라고 생각하게 된다. 이는 컨설턴

트라면 실제로 업무 담당자들에게 많이 듣는 말이다. 따라서 사람이 하는 일을 로봇이 대신해 주며 발생하는 효과는 로봇이 사람의 일을 대신하면서 생겨나는 효과를 생각해 볼 수 있다.

이러한 효과들은 이미 많은 RPA 세미나 혹은 기술 문서에서도 언급이 되어 있겠지만 여기서는 예시를 통해 좀 더 구체적으로 생각해 보자.

일본 소프트뱅크 손정의 회장은 한 RPA 강연에서 다음과 같은 사례를 발표한다. 영업팀에서 견적서 1부를 작성하는 데 평균 15분의 시간이 소요되었는데, RPA 도입 후 약 3초 정도면 확인하고 보낼 수 있어 많은 시간을 절약할 수 있게 되었다고 한다. 이렇게 단축된 시간만큼 영업 사원들은 더욱 자주 고객들과 대화할 수 있게 되고 이로 인해 고객의 성향이나 정확한 니즈를 파악하는 데 더욱 시간을 쏟을 수 있게 된다는 것이다. 이 밖에도 불필요한 단순 반복 작업은 RPA에 맡긴 후 아이디어 회의를 통한 신규 아이템 발굴을 통해 기업의 신규 사업 기획 혹은 영역 확장을 도모할 수 있으며, 빠른 보고서 작성을 통한 회의 지연 방지와 같은 기존 업무 프로세스에서 불필요한 시간 지연을 줄일 수 있게 된다.

빠른 보고서 작성은 RPA를 설명할 때 흔히 쓰이는 예시이다. 특히나 데이터양이 많거나 데이터를 취합하는 과정에서 여러 시스템을 접속해야 하는 경우 더욱 큰 효과를 보게 된다.

데이터를 가져올 시
① 데이터를 조회할 시스템에 로그인을 하고 특정화면으로 이동하고 조회할 조건을 입력 후 조회하여 해당 데이터를 통해 보고서를 작성할 수도 있고,

② DB툴을 사용하여 DB에 접속하고 쿼리를 사용하여 데이터를 조회한 후 결과 데이터를 기반으로 보고서를 작성할 수도 있겠다.
③ 아니면 공용 디렉토리에 다른 사용자가 공유한 문서 파일에 접근하여 데이터를 확인하는 경우도 있을 수 있다.

서술로만 보자면 크게 복잡할 것 없어 보이지만 실제로 시간이 꽤나 소비된다. 시간이 소비되는 시간은 크게 세 가지로 나눌 수 있다. 데이터에 접근하는 시간과 데이터를 정제하는 시간, 데이터를 입력하는 시간이다.

데이터에 접근하는 시간은
①의 경우: 시스템에 로그인하고 화면 이동 후 조회 조건을 입력 후 조회하는 시간까지 걸리는 시간
②의 경우: DB툴을 실행하고 데이터베이스에 접근하여 쿼리 작성 후 조회에 걸리는 시간
③의 경우: 공용 디렉토리에 접속 후 원하는 데이터가 있는 디렉토리까지 이동 후 파일을 여는 데 걸리는 시간

이 될 것이다. 이후 데이터를 보고서 형식에 맞게 열을 바꾸거나 불필요한 데이터를 삭제하거나 변경하는 시간을 데이터를 정제하는 시간으로 볼 수 있다. 또한 입력하는 방식에 따라 데이터를 입력하는 시간이 많이 소요될 수 있다. 단순히 엑셀에서 복사&붙여넣기 하는 방식부터 눈으로 직접 데이터를 읽어 입력하는 방식까지 여러 방식으로 보고서에 데이터를 넣을 수 있기 때문이다. RPA는 데이터 접근, 데이터 정제, 데이터 입력에 걸리

는 모든 시간을 사람이 하는 것보다 월등히 빠르게 수행할 수 있다. 이것이 가능한 이유는 기억에 있다. RPA는 업무 프로세스가 수행될 때 필요한 모든 데이터를 가지고 있는 상태(기억하고 있는 상태)에서 업무를 시작하며 시스템 로그인 시 비밀번호를 잘못 입력하여 로그인에 실패하거나 저장한 DB쿼리 파일을 찾으러 가거나 할 필요가 없으며 조회 조건을 입력할 때 조건들을 하나하나 찾아 확인하며 검색하지 않고 기억하고 있던 조건에 의해 거침없이 조회하기 때문이다. 이 부분은 아무래도 사람보다 로봇이 더 빠를 수밖에 없는 부분이다. 이로 인해 업무 수행 속도가 차이가 발생한다.

위에서 언급한 빠른 보고서 작성과 같은 단지 시간 단축 효과만 있는 것이 아니다. 사람은 누구나 실수를 할 수 있기 때문에 데이터 입력 과정에서 잘못 입력하여 결과가 크게 달라지는 경우가 발생할 수 있다. 하지만 RPA는 데이터의 내용을 자체 변수에 그대로 담거나 한꺼번에 데이터화하여 기억하고 있기 때문에 입력 시 실수할 확률이 상대적으로 매우 적다. 따라서 보고서상의 데이터가 오입력되어 잘못된 데이터가 전달되는 것을 막을 수 있게 된다.

끝으로 언급된 예시들을 통해 RPA를 적용했을 때 효과는 다음과 같이 정리할 수 있다.

① 생산성 향상: 반복적이고 규칙적인 업무를 자동화함으로써 직원들이 더 창의적이고 전략적인 업무에 집중
② 효율성 향상: 업무를 빠르게 처리함으로써 기업의 효율성을 향상
③ 정확성 향상: 업무 수행 시 실수(Human error)를 줄여 결과의 정확성을 향상

④ 비용 절감: 반복적이고 규칙적인 업무를 자동화함으로써 인건비와 시간 비용을 절감
⑤ 고객 만족도 향상: 빠르고 정확한 고객 대응으로 고객 만족도를 향상

이외에도 자동화 적용 시 기존 시스템을 그대로 이용하여 구축하기 때문에 구축에 상대적으로 시간이 많이 소요되지 않는 신속성, 여러 종류의 시스템 간 인터페이스 역할을 수행할 수 있는 범용성 등의 효과가 있다.

2.3 가능성

RPA의 가능성은 사람들의 아이디어에서 나온다고 생각한다. 왜냐하면 그 아이디어로부터 업무 자동화의 프로세스가 나오기 때문이다. 실제로 RPA를 적용한 많은 기업에서는 이러한 아이디어를 통해서 추가적인 업무를 많이 선별하였다.

RPA를 초기 구축 단계에서는 사용자들이 RPA라는 개념에 대한 인식이 많이 없고 동작 원리나 RPA가 할 수 있는 일들에 대한 예시가 없기 때문에 어떤 업무를 자동화하여야 하는지 잘 모른다. 따라서 구축 초기엔 사용자들이 업무 자동화에 대한 아이디어가 많이 없고 규모 자체도 작은 상태로 시작하게 된다. 하지만 작은 규모라도 업무 자동화가 시작되게 되면 사람들은 RPA라는 것에 대한 대략적인 개념과 동작 원리에 대해 어느 정

도 알게 되는데 이들은 이후 바로 자신의 업무를 다시 확인하게 된다. 이전에는 보이지 않던 자동화 업무 프로세스가 그제야 자신의 업무에서 보이기 시작한다. 처음에는 정의하기도 힘들었던 업무 프로세스들이 이제는 정의할 수 있게 되고 그렇게 정의된 업무 프로세스에서 RPA로 자동화할 수 있을 것 같은 구간이 보이기 시작한다. 그리고 이것은 RPA의 또 다른 아이디어를 생성하며 자동화에 대한 새로운 가능성으로 이어진다.

　물론 위와 같은 일들이 언제나 필연적으로 발생하는 현상은 아니다. 모든 사람들이 신기술에 대해 관심을 가지고 접근하지 않고 일부만 가지고 있는 생각일 수 있다. 또한 이미 고착화된 업무 프로세스에서 보이지 않게 숨어 있는 단순 반복적인 업무를 사용자가 이미 익숙해져 자동화의 필요성을 못 느끼는 못할 때도 있다. 하지만 지금까지 사람이 직접 혹은 간접적으로 체험한 대부분의 사람들은 초기에 구축한 자동화 업무만을 수행하고 있지 않다. 추가 업무 혹은 확산이라는 형태로 더 많은 자동화를 수행하고 점진적으로 서두에 언급한 DT(Digital Transformation)를 이루어 가는 중이다.

　하지만 RPA가 전지전능한 자동화 솔루션이 아니기 때문에 모든 업무들을 자동화하지는 못한다. 단순 반복적인 자동화는 이제 대부분의 업체에서 자동화를 이루었고 이후 사람들은 처음 언급한 예시와 같이 다양한 형태의 아이디어와 업무의 복잡도가 높은 업무들을 자동화하기를 원하고 있다. 분명 RPA는 사람의 인지에 기반한 업무를 아직 자동화하지 못하고 있으며 복잡하고 책임 소재가 필요한 업무에 대해서는 아직도 많은 부분들이 개선이 되어야 한다. 이는 법적 책임 소재 문제가 될 수도 있고 아니면 문제 발생 시 리스크에 대한 부분들도 대다수 존재하기 때문이다. 또한 RPA 단독으로는 기술적으로 풀지 못하는 숙제도 분명 존재한다.

흔히 쓰이는 비유로 RPA는 사용자의 손과 발이 되어 일을 한다고 한다. 손과 발이 되어 사람 대신 일을 하지만 직접 생각하는 머리가 없기 때문에 판단은 할 수 없고 사람처럼 인지가 불가능하다. 하지만 대부분의 단순 반복 업무가 자동화되고 나면 남은 업무들은 판단과 인지가 필요한 업무들만 남게 되는데 머리가 없는 RPA로서는 그러한 업무는 자동화할 수 없다. 이러한 부분들을 타개하고자 RPA는 다양한 AI 기술들과 연계를 하고자 한다. 머리가 되는 인공 지능 기술을 통한 업무에 대한 인지와 판단을 하고 손과 발처럼 움직이는 RPA를 통해 업무가 자동화되어 간다면 매우 멋진 일이 될 것이다. 사람 손을 거치지 않고 대부분의 업무가 자동화되며 사람은 RPA가 일을 잘하는지 감시만 하면 되지 않을까?

물론 RPA 자체만으로도 좀 더 발전해야 한다. 쉽게 말하면 손과 발이 좀 더 정교하게 움직일 수 있어야 하며 사용자의 의도에 맞게 정확하게 움직일 수 있는 기술들이 필요하다. 하지만 거꾸로 말하면 발전 가능성이 무궁무진한 분야가 아닐 수 없다. 그리고 자체 발전에 필요한 연구와 연계에 대한 협의들은 지금 이 시간에도 계속되고 있다.

2.4 연계

위에서 언급한 바와 같이 RPA는 지속적으로 자체 발전이 되고 있는 실정이며 더욱 정교한 움직임을 보일 것으로 기대되고 있다. 본 단락에서는

RPA가 연계를 통해 어떠한 역할을 할 수 있는지 보도록 하자.

　연계 분야는 크게 현재 기구축되어 있는 시스템과의 연계와 다양한 신기술들과의 연계로 구분할 수 있겠다. 현재 RPA 도입 시 가장 흔하게 연계하는 부분이 기구축되어 있는 시스템과의 연계인데 가장 흔한 사례로는 내부 시스템의 데이터를 다른 시스템에 적용하거나 외부 시스템에 접속하여 데이터를 조회하여 내부 시스템의 데이터를 갱신하는 등의 업무이다. 이러한 업무 구현이 가능한 이유는 RPA가 가지고 있는 다양한 기능들을 사용하여 데이터에 직접 접근이 가능하기 때문이다. RPA는 DB에 직접 접근할 수 있는 이벤트나 HTTP 프로토콜을 이용한 통신 이벤트, 스크립트 코드를 직접 작성하여 소켓 통신으로 데이터를 전송하거나 요청할 수 있는 다양한 기능들을 제공한다. 이러한 기능들을 적절히 상황에 맞게 사용하여 간단하게 인터페이스를 구현할 수 있고 직접 접근이 어렵다면 사용자가 업무를 수행하는 방식 그대로 업무를 구현하면 된다.

　원래 이와 같은 업무를 수행하기 위해서는 시스템 간 연계에 필요한 인터페이스를 구축해야 한다. 이는 시스템 구성 설계, 장비 도입, 프로그램 개발과 같은 복잡한 절차와 부서 간 혹은 업체 간 협의를 통해 진행되므로 상대적으로 시간이 오래 소요된다. 그리고 사용 중인 시스템에 수정이 불가피하며 요구를 분석하고 결과를 확인하기까지 시간이 오래 걸려 구축 기간이 길고 구축 비용이 별도로 들어가게 된다. 하지만 RPA는 다르다. 사용자가 원래하던 업무를 그대로 따라 구현하기 때문에 시스템에 가해지는 변화가 없어 사용하던 그대로 시스템을 사용할 수 있다. 자동화 개발도 프로그램 개발에 비해 상대적으로 짧은 시간에 구현이 가능하기 때문에 개발 기간도 짧다. 따라서 설계부터 구축까지 이어지는 기간이 짧아 사용자는 빠르게 결과를 확인할 수 있다. 이미 RPA 시스템이 구축되어 있는 상황이라면 별도의 구축 비용은 들어가지 않고 개발에 필요한 공수만 들어갈 뿐이다. 이러한 장점으로 인해 RPA 도입 시 과제 발굴 과정에서 시스템 간 데이터 연계를 RPA를 통해 자동화하기도 한다.

위에서는 구축되어 있는 기시스템 간의 연계에서 RPA의 활용이라고 한다면 다양한 신기술과의 연계는 업무 복잡도 상승에 따른 RPA의 한계 극복을 위한 연계라 할 수 있다. 이미 언급했듯 RPA는 전지전능한 자동화 솔루션이 아니다. 사용자의 손과 발을 대신하여 자동으로 업무를 수행하지만 단순 반복 업무에서 벗어나 업무 복잡도가 올라간 업무는 손과 발만으로 수행이 어려운 업무가 많이 있다. 눈으로 보기도 해야 하고 귀로 들을 수 있어야 하고 업무를 보고 생각을 할 수 있어야 하는 업무들도 존재하기 때문이다.

이러한 업무를 수행하기 위해 RPA는 다양한 신기술들과 연계하는데 그중 가장 먼저 RPA와 연계를 한 기술은 OCR(Optical Character Recognition) 기술이다. OCR은 광학 문자 인식 기술로 여러 분야에서 사용하고 있으며 통상적으로 이미지에서 문자를 읽어 데이터화하는 기술을 말한다. RPA는 사용자 컴퓨터나 별도의 PC 장비에서 동작하게 되고 문자 인식을 하는데 객체를 인식하여 데이터를 가져오거나 다양한 이벤트를 통해 데이터를 가져오게 된다. 하지만 이러한 기술들은 데이터화된 문자가 화면상에 나온 것을 읽는 것이기 때문에 RPA상에서 데이터를 획득하는 것에 문제가 없다. 하지만 이미지에서 문자를 추출하는 것은 다른 이야기이다. 일반적으로 PC에서 OS 위에서 나오는 문자 혹은 데이터들은 각 객체에 문자에 대한 데이터를 가지고 있고 RPA는 그 데이터를 그대로 취득하여 컨트롤한다. 이미지는 객체 내에 이러한 문자에 대한 데이터가 없이 하나의 큰 객체로 취급된다. 따라서 이미지는 사람이 보기에 그림 안에 문자를 인식할 수 있지만 컴퓨터 입장에서는 그냥 커다란 그림 객체로 보게 되고 그 안에 다양한 색깔 데이터만 이리저리 표현되어 있는 것이다. OCR은 이러한 이미지 객체에서 문자를 인식하고 추출하는 기술인데 이를 통해 다양한 업무에서 자동화를 이룰 수 있게 된다. 또한 OCR과 마찬가지로 RPA의 눈 역할을 할 수 있는 기술로 컴퓨터 비전 기술이 있는데 이는 화면 혹은 이미지 내에서 객체를 인식한다. 화면 내에 객체를 인식하여 이것이 버튼인지, Input 창인지 인식이 가능하다면 RPA는 더욱 많은 일을 할 수 있을 것이고 더욱 정확하게 업무를 처리할 수 있을 것이다.

 RPA의 눈 역할을 하는 것이 OCR 기술이라면 귀 역할을 하는 것은 STT(Speech to Text)/TTS(Text to Speech) 기술일 것이다. 문자 그대로 STT는 음성을 문자로 변환, TTS는 문자를 음성으로 변환하는 기술이다. 특히 STT 기술을 통해 RPA 업무 자동화를 사람이 말로써 수행하도록 하거나 음성 인식으로 자동화 업무를 작성하는 Non-Script 기술을 구현하기를 기대해 볼 수 있을 것이다. 이러한 기술들은 기본적으로 NLP(Natural Language Processing), NLU(Natural Language Understanding)과 같은 사람의 언어 이해, 사용자의 의도 파악과 같은 기술들이 동반되어야 하며 해당 분야 또한 지속적으로 발전하고 있다.

 이 밖에도 챗봇 연계를 통해 사용자 업무 명령 처리, 자료 생성과 같은 일을 할 수 있겠으며, Process Mining, Task Mining과의 연계를 통해 기업 업무 프로세스 혁신을 일으키는 데 활용할 수도 있겠다.

3

RPA 적용 기술

RPA에 적용되는 IT 기술은 많은 종류의 기술을 필요로 한다. 이는 어떤 사용자 환경에서도 자동화를 수행할 수 있도록 해야 하는 목표를 담고 있기 때문이다. 이제 RPA에서 적용되는 IT 기술을 알아보자.

3.1 이미지 매칭(Image Matching)

IT 기술에서 이미지 비교 기술은 OpenCV라는 오픈소스의 이미지 처리 라이브러리가 알려지고 나서부터이다. OpenCV는 Open Source Computer Vision의 약어로 실시간 컴퓨터 비전을 목적으로 한 프로그래밍 라이브러리인데 실시간 이미지 프로세싱에 중점을 둔 라이브러리이고 윈도우나 리눅스 등에서도 사용이 가능한 크로스 플랫폼이다. 특히 대중화가 된 배경은 오픈 소스라는 점에 있다.

현재 IT 기술에서 이미지 비교의 서비스 및 기능이라고 하면 OpenCV를 거의 활용을 한다고 볼 수 있는데 자동화 솔루션들이 제공하는 이미지 매칭은 몇 가지 문제가 있었다.

첫 번째는 처리 속도가 느리다는 점이다. 특히 RPA에서 보면 Template 이미지(찾을 이미지)와 Target 이미지(대상 이미지)가 윈도우 OS의 전체 화면, 특히 다중 모니터를 사용하게 될 경우 이미지 크기가 커지게 되고 이에 따라 속도가 느린 결과를 볼 수 있다. 1세대 자동화 솔루션들의 이미지 매칭 기능은 거의 사용 못할 정도의 처리 속도이기 때문에 이미지 매칭 보다는 오브젝트의 기술들이 주로 적용되어 왔다. 그러나 오브젝트의 계층 구조를 이해하기 쉽지 않은 점과 오브젝트 인식이 불가한 플랫폼에서는 자동화를 할 수 없다는 점, 오브젝트 계층 구조의 변경의 제약이 생기게 되면서 오브젝트의 한계가 문제점으로 대두되었다. 자동화 솔루션들은 오브젝트로 만들어진 스크립트의 한계를 극복하기 위하여 이미지 매칭 기술을 병행으로 사용해야 한다고 생각하며 이미지 매칭 기술을 고도화하였지만 그리 만족할 만한 수준이 못되었다.

두 번째로 이미지 매칭은 두 이미지의 매칭 Score 점수의 임계치로 정해진다. 예를 들어 Score 점수 임계치가 75%라면 두 이미지가 75%이상의 매칭률을 보여도 같은 이미지로 판단하는 것이다. 이러하다 보니 비슷한 이미지가 많을 경우 오인식 부분이 존재하게 되며, 마땅히 해결책이 없었던 것이 사실이다.

이에 CheckMATE RPA에서는 이미지 기술을 높여 빠른 성능과 정확한 매칭 결과를 보여 준다. 이미지 기술 중 Vision이라는 기술을 적용하여 찾을 이미지의 관계도를 자동 생성 매칭한다. 또한 폐쇄망에서도 가능한 기능으로 유연성이 높다. 다음은 CheckMATE RPA의 Vision 인식 관계도 화면이다.

[CheckMATE RPA Vision 관계도 화면]

위 화면과 같이 자동으로 이미지 영역을 지정하고 관계도를 생성한다. '뉴스'라는 메뉴를 클릭하고 싶다고 가정하였을 때 주위 관계도를 자동으로 설정하여 주고 기존 이미지 매칭과 관계도 매칭을 수행한다. Vision의 수행 속도는 0.2초 수준으로 빠른 성능을 보장하고 기존 이미지 매칭의 단점을 보완한 기능이라 할 수 있다. 이미지를 오브젝트화하는 이 Vision 기술은 자동화 행위(마우스 클릭/이동 등)에 있어서 오브젝트가 정확하고 오류가 없다는 편견을 깨는 기술이라 할 수 있겠다. 향후 Vision 기술과 AI-OCR을 적용할 경우 음성이나 텍스트 기반의 Non-Script 자동화를 실현하는 데 큰 역할을 할 것이다.

CHECKMATE 기능 활용

※ Image Click 사용법

Image Click 이벤트는 이미지 매칭 후 컨트롤을 수행합니다.

1) Capture 버튼으로 이미지 영역을 지정합니다. 빨간색 점은 이미지 매칭 후 컨트롤(클릭 및 마우스 오버 등)의 좌표입니다.

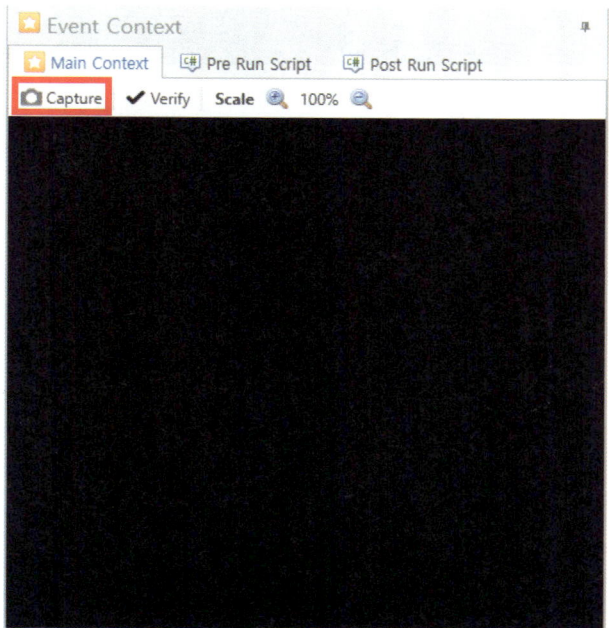

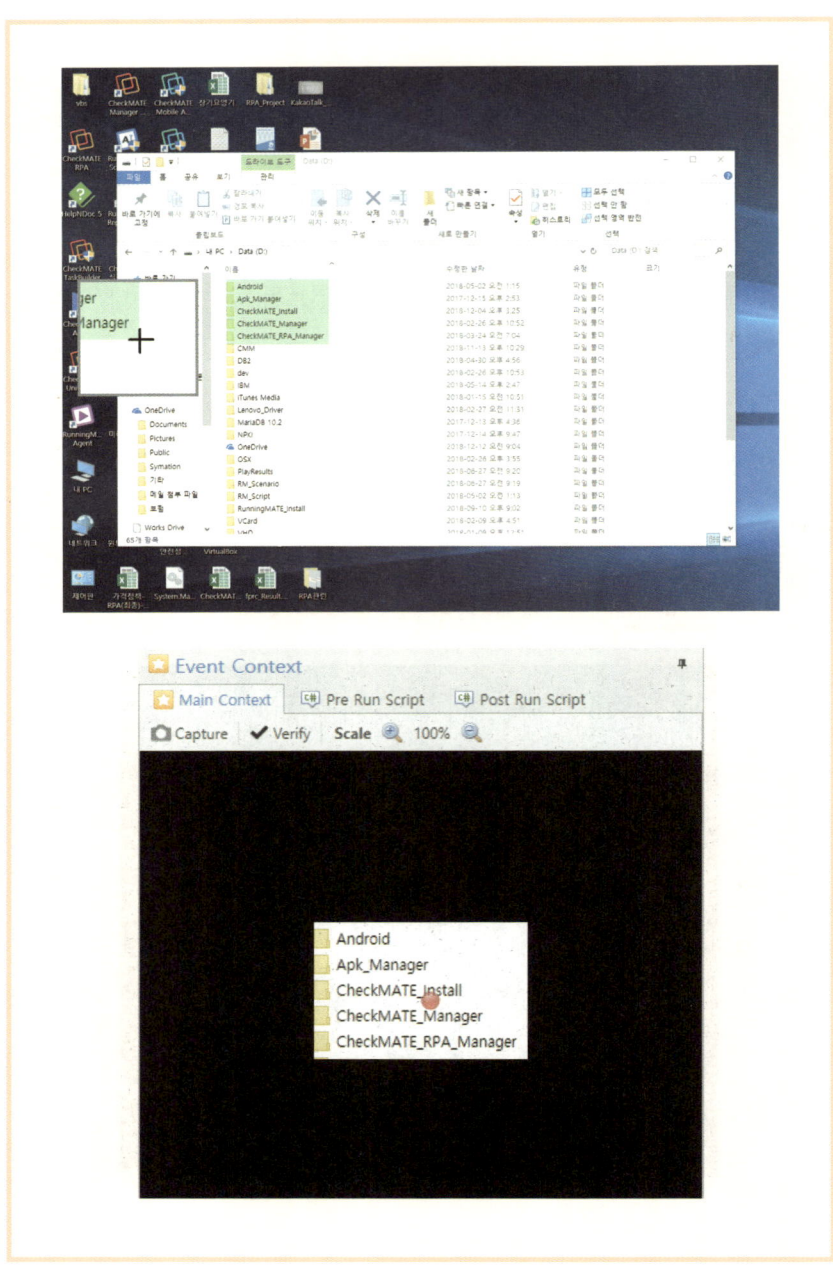

2) Control Type의 Event 와 Image Type Event를 설정할 수 있습니다.
- Event Name: 이벤트 이름
- Stop If Error: 에러 발생 시 중지 여부
- Maximum Run Time: 수행 시간 임계치(임계치 초과 시 실패)
- Click Event Type: Control 종류
- Point Click X: 클릭 X 좌표(이미지 시작점 0, 0 기준)
- Point Click Y: 클릭 Y 좌표(이미지 시작점 0, 0 기준)
- Focus Before Click: 클릭하기 전 자동 포커스
- H/W Module: 물리 마우스 클릭(물리 USB 모듈이 있어야 함)
- Allow Score: 이미지 매칭 Score 임계치 점수
- Target Process: 클릭 전 자동 포커스(ETC Setting에서 Use [API] Forcus before running image click 체크에 따라 기본 동작 변경)
- Capture Module: System Setting/ API Capture/ DirectX Capture/ Desktop Window Capture

  : System Setting: ETC Setting에서 설정한 Capture Module 로 동작

  : API Capture: 일반적인 API 캡처

  : DirectX Capture: DirectX 모듈을 사용하여 캡처(캡처 방지 환경에서 일부 캡처 가능)

  : Desktop Window Capture: 프로세스 단위에서 캡처(캡처 방

지 환경에서 캡처 가능)

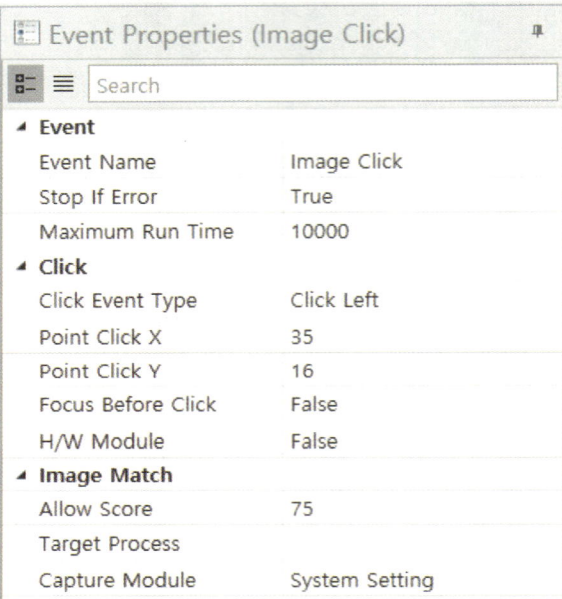

3) 마우스 좌 클릭, 우 클릭, 중간 클릭 및 더블 클릭 등의 마우스 event를 설정하실 수 있습니다.

- Wheel Value (OneWheel:120): 휠 한 틱당 설정값(기본 한 틱: 120) (Click Event Type 설정이 Mouse Wheel Down & Mouse Wheel UP일 경우)

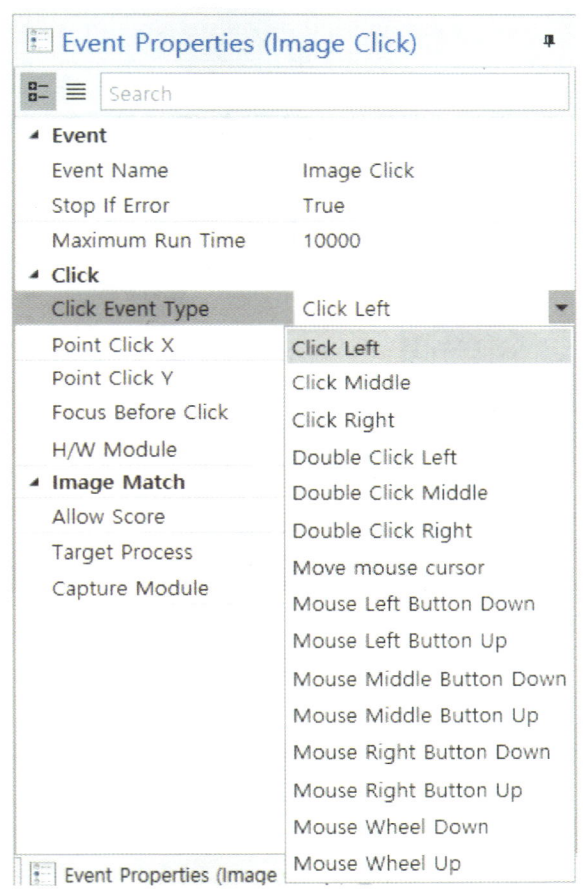

4) 'Verify' 버튼을 눌러 선택한 이미지의 검증 또는 마우스 event를 검증할 수 있습니다.

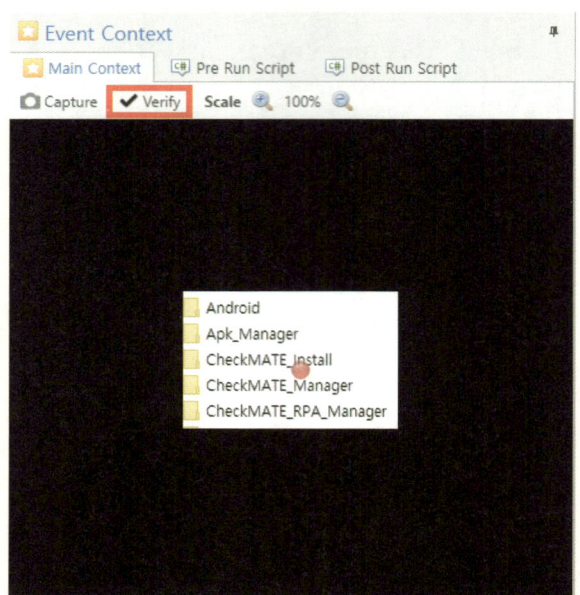

5) Allow Score 조정(이미지 매칭 Score 임계치 점수): Default 75로 지정이 되어 있으나, 이미지 판독의 유사도 조정이 필요한 경우 수치 변경이 가능합니다. (수치가 높을수록 이미지가 정확해야 함)

- Target Process 지정: 프로세스명을 지정할 경우 프로세스 창 내에서만 이미지 매칭을 시도합니다.
- Forcus Before Click: 클릭 전 자동 포커스(ETC Setting에서 Use [API] Forcus before running image click 체크에 따라 기본 동작 변경)
- H/W Module: 물리 마우스 클릭(물리 USB 모듈이 있어야 함)

- Capture Module: System Setting/ API Capture/ DirectX Capture/ Desktop Window Capture
  : System Setting: ETC Setting에서 설정한 Capture Module 로 동작
  : API Capture: 일반적인 API 캡처
  : DirectX Capture: DirectX 모듈을 사용하여 캡처(캡처 방지 환경에서 일부 캡처 가능)
  : Desktop Window Capture: 프로세스 단위에서 캡처(캡처 방지 환경에서 캡처 가능)

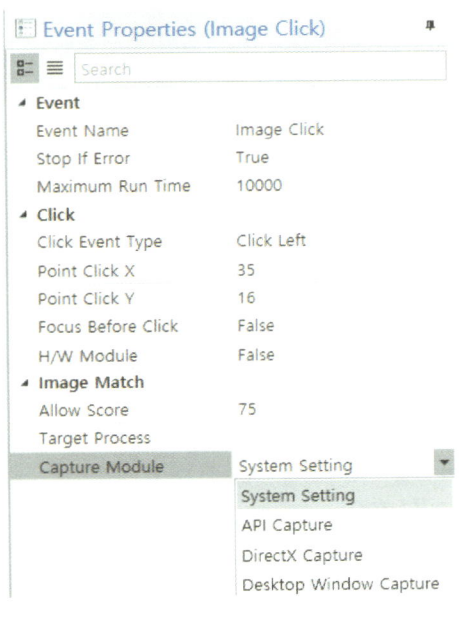

6) 선택하고자 하는 위치의 이미지가 가변적인 경우, 이미지 영역 외부를 선택할 수 있습니다.

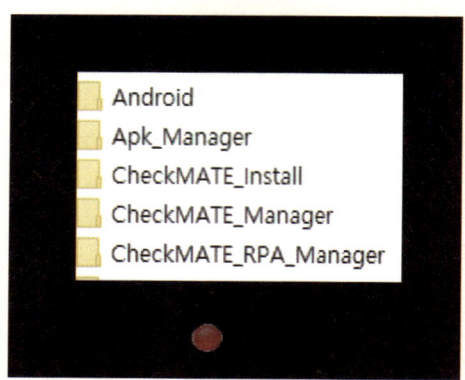

해당 event 검증이 끝나면 event를 저장합니다. 이때 해당 event의 이름을 지정하여 다른 event를 구분할 수 있도록 합니다. (Object Detecting 설정 시 이벤트명은 Object 정보로 자동 등록됩니다./ 변경 가능)

7) 캡처된 이미지를 클립보드를 통하여 복사 및 붙여넣기 할 수 있습니다. 마우스 우측 클릭하여 해당 기능을 활성화합니다.

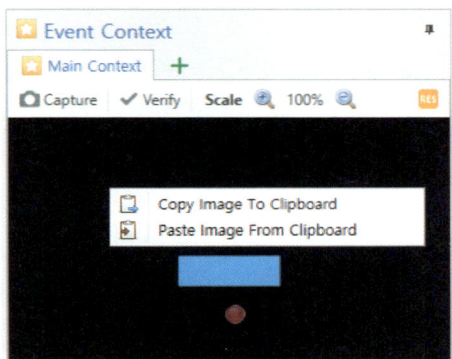

'Paste Image From Clipboard' 시, 포인터의 위치가 변동될 수 있으니 확인 후 수정하도록 합니다.

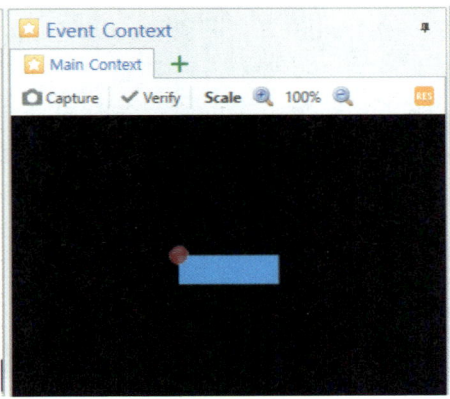

CHECKMATE 기능 활용

※ Vision Point 사용법

Vision Point 이벤트는 해당 이미지를 관계를 설정하여 이미지를 찾아 컨트롤을 수행합니다.

1) Capture 버튼으로 이미지 영역을 지정합니다. 빨간색 점은 이미지 매칭 후 컨트롤(클릭 및 마우스 오버 등)의 좌표입니다.

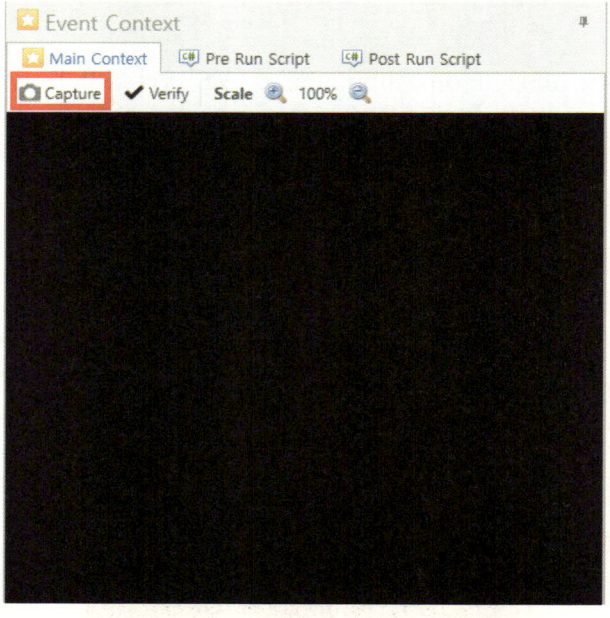

2) 관계 추가는 클릭, 관계 제거는 Shift + 클릭으로 관계를 설정할 수 있습니다.

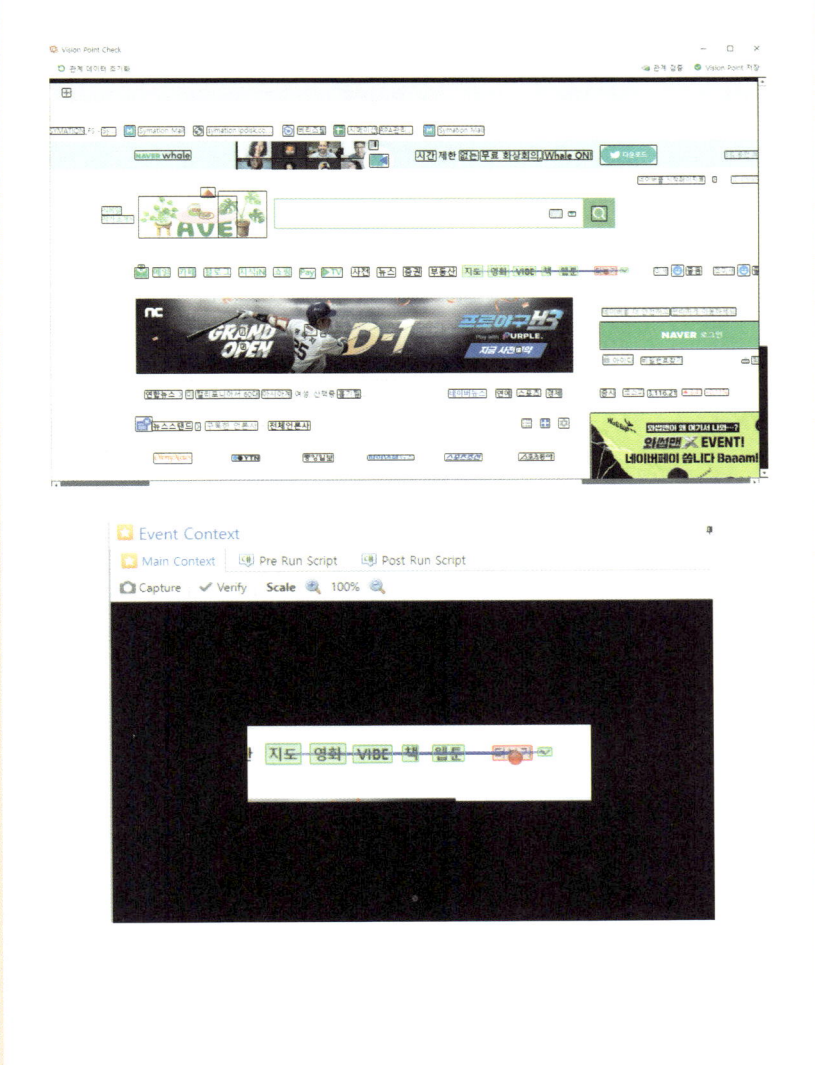

3) Event Properties

- Event Name: 이벤트 이름
- Stop If Error: 에러 발생 시 중지 여부
- Maximum Run Time: 수행 시간 임계치(임계치 초과 시 실패)
- Click Event Type: Control 종류
- Point Click X: 클릭 X 좌표(이미지 시작점 0, 0 기준)
- Point Click Y: 클릭 Y 좌표(이미지 시작점 0, 0 기준)
- Forcus Before Click: 클릭 전 자동 포커스(ETC Setting에서 Use [API] Forcus before running image click 체크에 따라 기본 동작 변경)
- H/W Module: 물리 마우스 클릭(물리 USB 모듈이 있어야 함)
- Target Process 지정: 프로세스명을 지정할 경우 프로세스 창 내에서만 이미지 매칭을 시도합니다.
- Previous waiting time: 이벤트 수행 전 대기 시간 설정
- Wheel Value (OneWheel:120): 휠 한 틱당 설정값(Tap Event Type 설정이 Mouse Wheel Down & Mouse Wheel UP 일 경우) (기본 한 틱: 120)

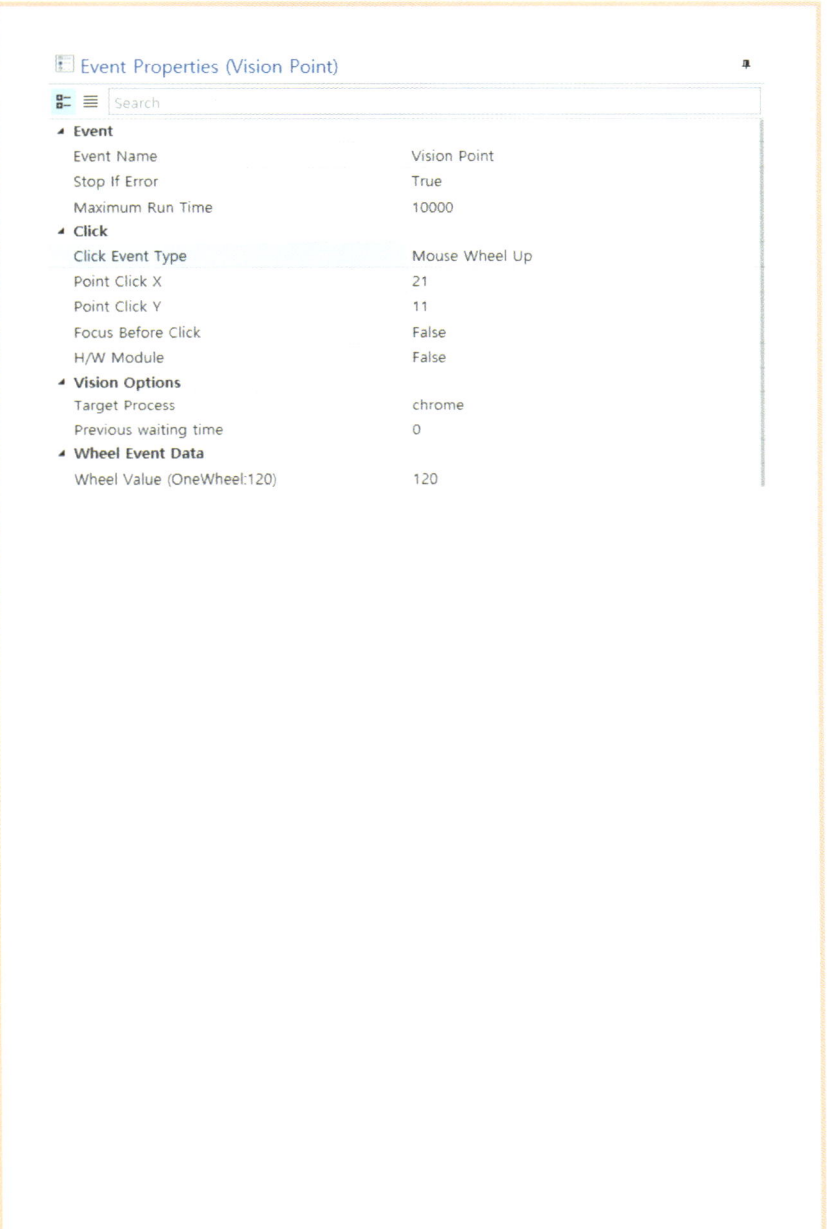

3. RPA 적용 기술

3.2 오브젝트 매칭(Object Matching)

오브젝트 인식 기술은 꽤 오래 전부터 사용되어져 왔다. 자동화에서 뿐만 아니라 모니터링 및 여러 분야에 활용되었는데, 인식 대상의 속성 정보를 가져온다는 점에서는 장점이 많고 정확한 결과를 얻을 수 있기 때문이다. 그러나 자동화를 수행하는데 있어서는 몇 가지 문제점이 있다.

첫 번째는 오브젝트의 계층 구조에 있다. 오브젝트를 인식하기 위해서는 오브젝트의 계층 구조를 인지하여야 한다. 이 오브젝트의 계층 구조라는 것은 쉽게 말하면 Depth 기반의 정보를 가지고 있다. 다음은 탐색기의 오브젝트 계층 구조 예시이다.

[탐색기의 오브젝트 인식 화면]

[CheckMATE RPA Object Map Builder 화면]

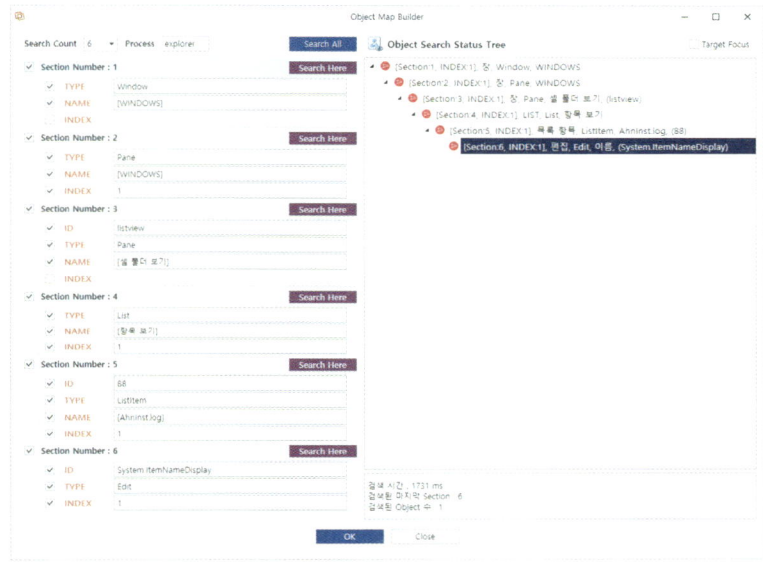

  위 화면과 같이 계층 구조를 사용자가 이해하여 자동화를 수행할 수 있게 수정하기는 간단한 일이 아니다.

  두 번째는 대상 프로그램의 인식의 문제이다. 오브젝트 인식이 되지 않는 프로그램일 경우 사용할 수 없다는 단점이 있고 인식이 가능하더라도 상세 Depth의 정보까지 가져오지 못하는 경우가 발생한다. 이는 Inject를 할 수 없는 프로그램에서 보통 발생하거나 UI Framework에서도 발생할 수 있는데 이럴 경우 별도의 Connector를 제공하기도 한다. 또한 오브젝트의 계층 구조가 변경될 수 있다는 점을 인지해야 하는데 이는 이미지 매칭과 크게 다르지 않기 때문에 오히려 Action 기반의 자동화 이벤트는 이미지 매칭으로 자동화를 생성하는 것이 유지 보수 측면에서 더 많은 장점을 가질 수 있다.

CHECKMATE 기능 활용

※ Object Click 사용법

Object Click 이벤트는 오브젝트의 좌표 정보를 가지고 마우스 클릭을 수행합니다.

일반적인 오브젝트는 Invoke 함수로 실행합니다. 이런 방식의 문제점은 오브젝트가 단일로 인식되는 환경에서도 컨트롤이 가능해집니다.

일반적인 오브젝트 Invoke 수행은 ObjectSetValue이벤트에서 사용하시면 됩니다.

1) Object Element Capture 버튼으로 오브젝트를 인식합니다. 오브젝트가 인식되면 파란색 Box가 보여지며 클릭하면 자동으로 오브젝트 정보를 기록합니다.

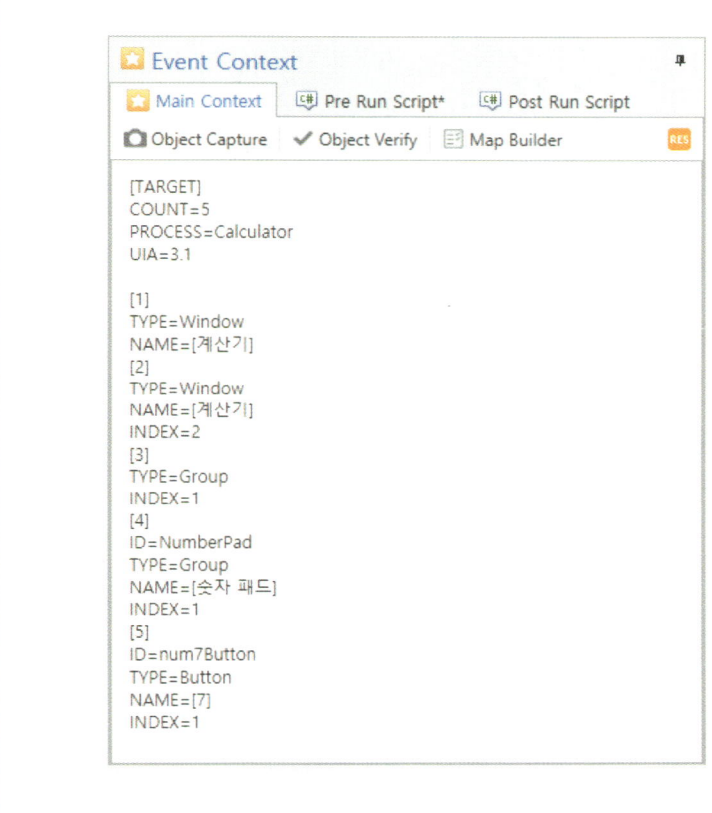

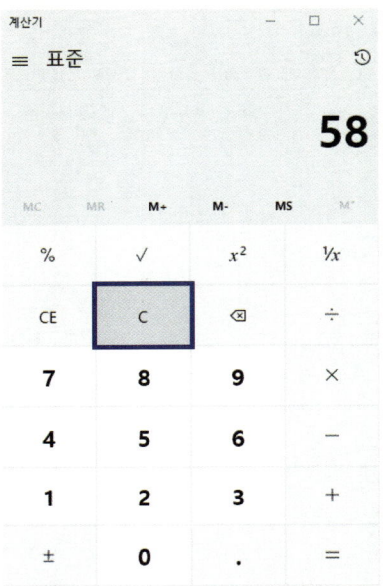

2) Event Properties
- Event Name: 이벤트 이름
- Stop If Error: 에러 발생 시 중지 여부
- Maximum Run Time: 수행 시간 임계치(임계치 초과 시 실패)
- Allow Multiple(UIA Only): 동일 조건의 오브젝트가 있을 경우 모두 체크
- Allow Finder Scrolling(UIA Only): 동일 조건의 오브젝트가 있을 때까지 자동 스크롤
- Click Event Type: Control 종류

- Point Click X: 클릭 X 좌표(오브젝트 시작점 0, 0 기준)
- Point Click Y: 클릭 Y 좌표(오브젝트 시작점 0, 0 기준)
- H/W Module: 물리 마우스 클릭(물리 USB 모듈이 있어야 함)

3) 마우스 좌 클릭, 우 클릭, 중간 클릭 및 더블 클릭 등의 마우스 event를 설정하실 수 있습니다.

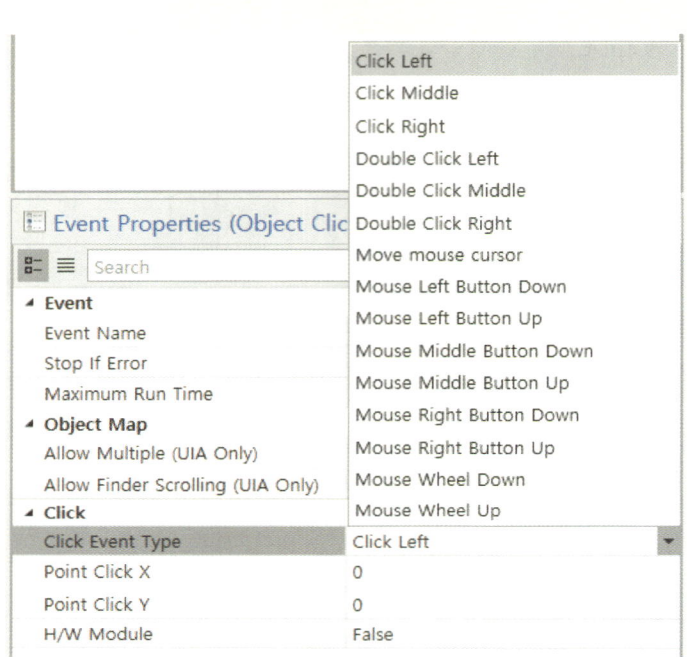

- Click Left: 마우스 좌측 버튼 클릭

- Click Middle: 마우스 휠 클릭

- Click Right: 마우스 우측 버튼 클릭

- Double Click Left: 마우스 좌측 버튼 연속 클릭

- Double Click Middle: 마우스 휠 연속 클릭

- Double Click Right: 마우스 우측 버튼 연속 클릭

- Move mouse cursor: 마우스 커서 이동

- Mouse Left Button Down: 마우스 포인터가 해당 요소 위에

있는 동안 마우스 왼쪽 단추를 누르면 아래로 이동
- Mouse Left Button Up: 마우스 포인터가 이 요소 위에 있는 동안 마우스 왼쪽 단추를 놓으면 발생 위로 이동
- Mouse Middle Button Down: 마우스 포인터가 해당 요소 위에 있는 동안 마우스 휠을 누르면 아래로 이동
- Mouse Middle Button Up: 마우스 포인터가 해당 요소 위에 있는 동안 마우스 휠을 누르면 위로 이동
- Mouse Right Button Down: 마우스 포인터가 이 요소 위에 있는 동안 마우스 오른쪽 단추를 누르면 아래로 이동
- Mouse Right Button Up: 마우스 포인터가 이 요소 위에 있는 동안 마우스 오른쪽 단추를 놓으면 위로 이동
- Mouse Wheel Down: 마우스 스크롤 아래
- Mouse Wheel Up: 마우스 스크롤 위

4) ✔ Object Element Find 버튼을 눌러 기록된 오브젝트 검증을 할 수 있습니다.

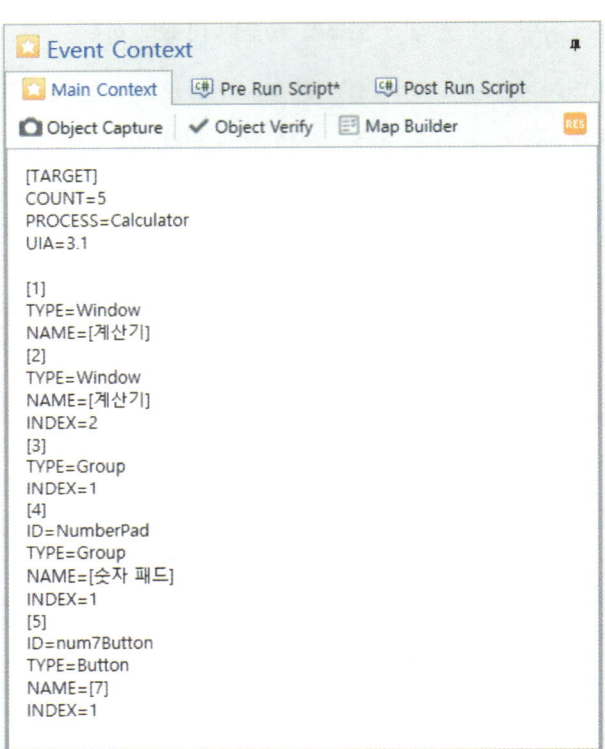

5) Object Map 정의

- TARGET

① COUNT: 오브젝트 계층 수(COUNT 값을 변경하면 변경된 오브젝트 계층으로 바로 실행 및 디버그 가능)

② Process: 프로세스 명

- 0-9: 오브젝트 계층 순서

[참고 사항]
- 오브젝트 인식 대상 프로그램의 구현에 따라 캡처가 제대로 동작하지 않을 수 있습니다.

CHECKMATE 기능 활용

※ Object Get Value 사용법

Object GetValue 이벤트는 오브젝트의 속성 정보를 인식해 변수에 저장합니다.

1) Object Element Capture 버튼으로 오브젝트를 인식합니다. 오브젝트가 인식되면 파란색 Box가 보여지며 클릭하면 자동으로 오브젝트 정보를 보여 줍니다.

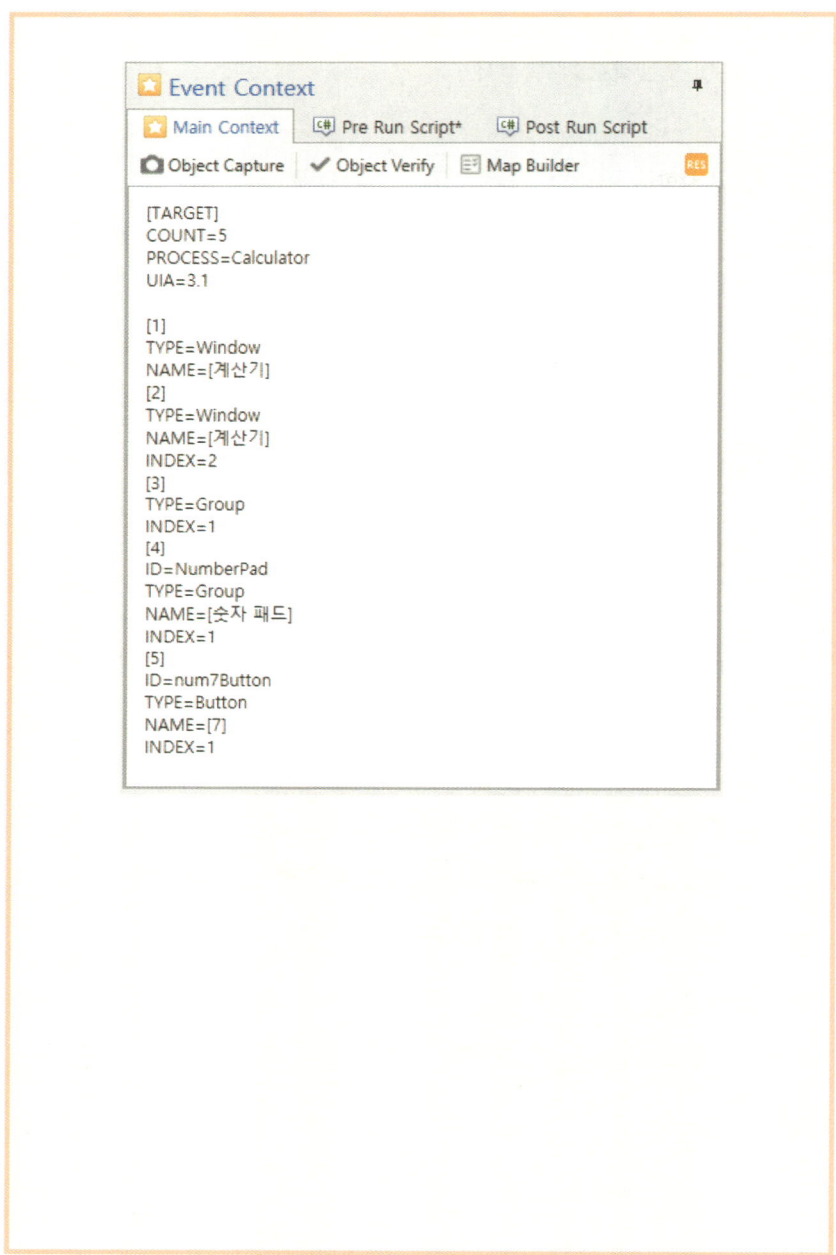

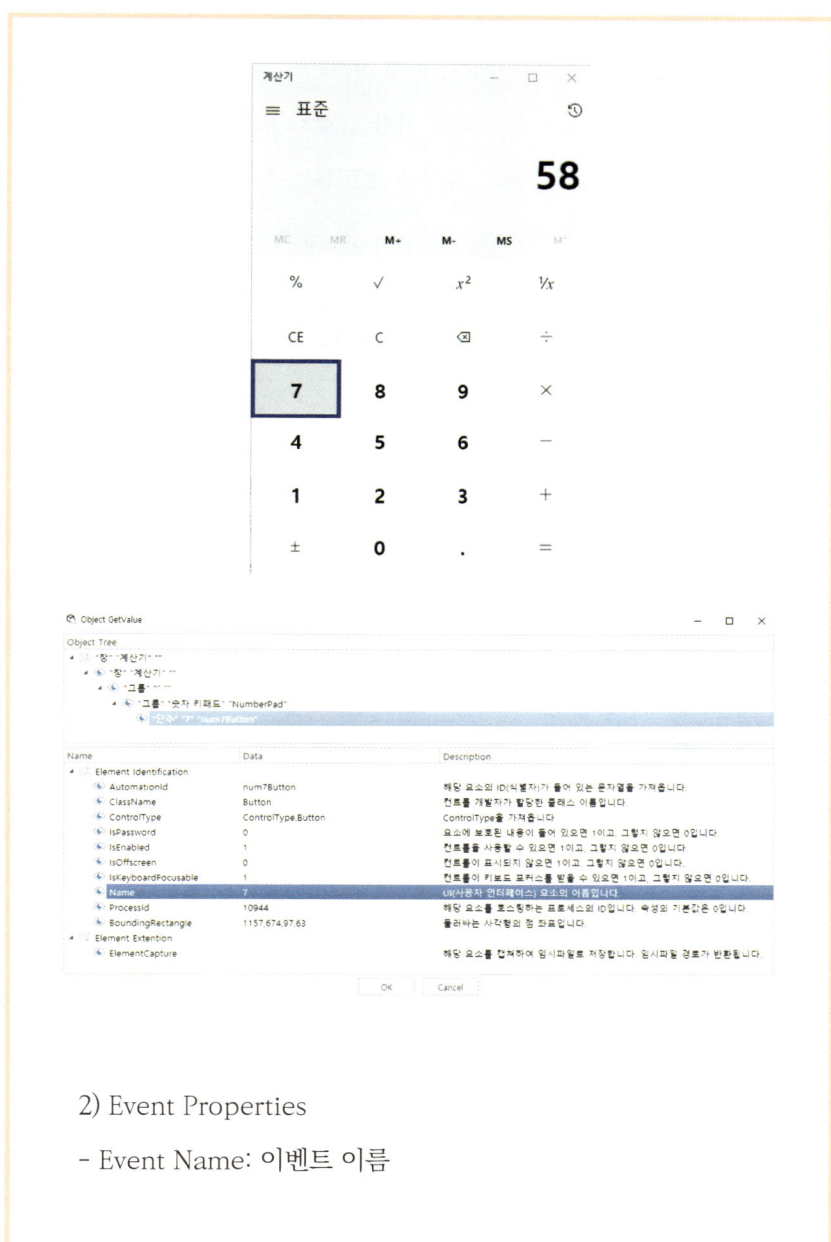

2) Event Properties

- Event Name: 이벤트 이름

- Stop If Error: 에러 발생 시 중지 여부
- Maximum Run Time: 수행 시간 임계치(임계치 초과 시 실패)
- Target Attribute Type: 가져올 오브젝트 속성의 종류
- Allow Finder Scrolling (UIA Only): 동일 조건의 오브젝트가 있을 때까지 자동 스크롤
- Result Save: 오브젝트 속성을 저장할 변수명 지정(string, List 〈string〉 Type)

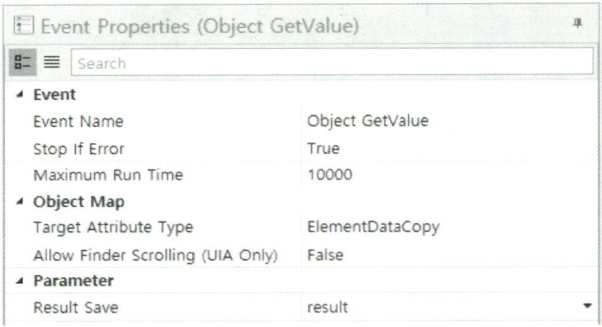

3) 오브젝트 속성을 선택하실 수 있습니다.

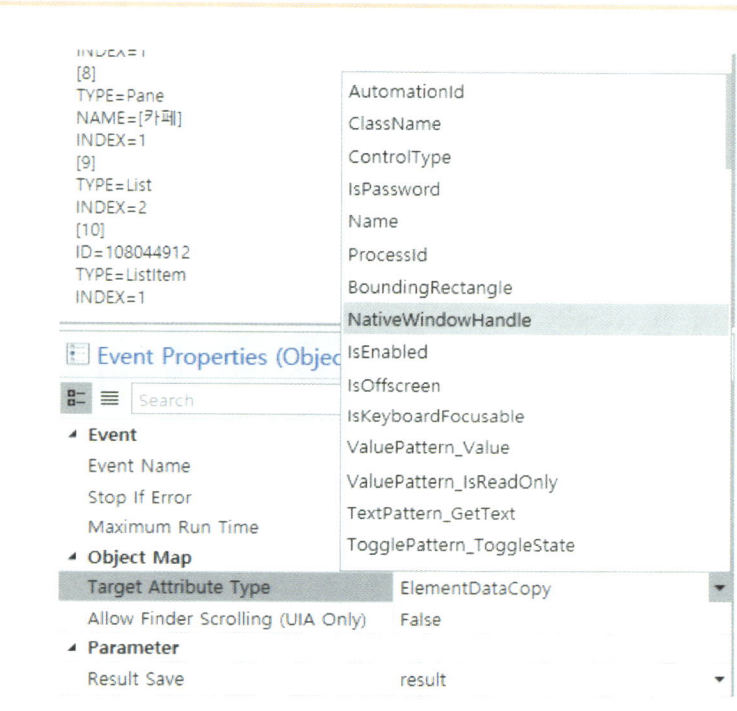

4) ✔ Object Element Find 버튼을 눌러 기록된 오브젝트 검증을 할 수 있습니다.

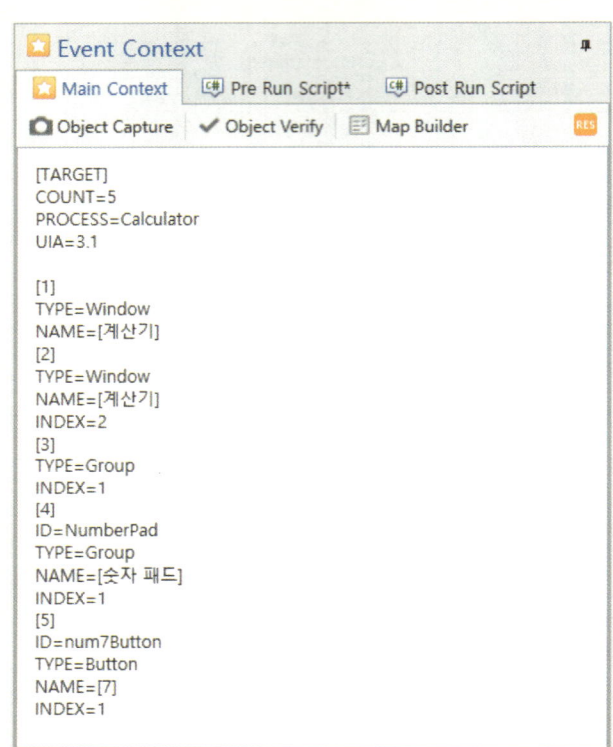

5) Result Save

- 변수 저장하는 방법은 변수 생성 및 활용 스텝에서 확인하시길 바랍니다.

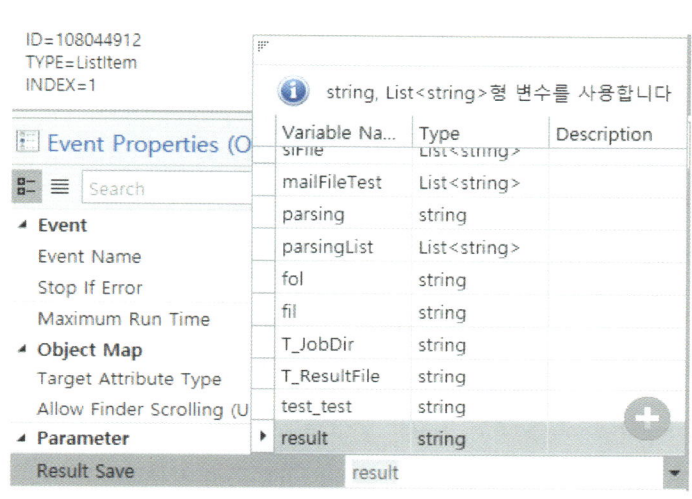

6) Object Map 정의

- TARGET

　① COUNT: 오브젝트 계층 수(COUNT 값을 변경하면 변경된 오브

　　젝트 계층으로 바로 실행 및 디버그 가능)

　② Process: 프로세스 명

- 0-9: 오브젝트 계층 순서

[참고 사항]

- 오브젝트 인식 대상 프로그램의 구현에 따라 캡처가 제대로 동작하지 않을 수 있습니다.
- Event Properties의 Target Attribute Type 속성

① AutomationId: 고유한 해당 컨테이너 내에서 형제 사이에 있는 요소에 대한 ID.

② ClassName: Windows 클래스의 이름.

③ ControlType: UI 컨트롤의 형식.

④ IsPassword: 암호 보호가 서식이 지정된 문자열에 적용되는지 여부 결정하는 값. 보호된 내용 있는 경우 1, 아닌 경우 0.

⑤ Name: Object Capture 시, 영역 지정 가능한 속성. 해당 요소 ID(식별자)가 들어 있는 문자열.

⑥ ProcessId: 호스팅하는 프로세스 ID. 속성 기본값은 0.

⑦ BoundingRectangle: 둘러싸는 사각형의 점 좌표.

⑧ NativeWindowHandle: 요소의 창 핸들.

⑨ IsEnabled: UI에서 해당 요소의 사용 가능 여부를 나타내는 값. 종속성 속성.

⑩ IsKeyboardFocusable: 해당 요소가 키보드 포커스의 가능 여부 값 식별.

⑪ ValuePattern_Value: UI 자동화 요소 값 식별.

⑫ ValuePattern_IsReadOnly: UI 자동화 요소의 값이 읽기 전용 여부 지정 값 식별.

⑬ TogglePattern_ToggleState: AutomationElement의 전환 상태를 검색하는 속성 식별.

⑭ SelectionItemPattern_IsSelected: 항목이 선택되었는지 여

부를 나타내는 값의 속성 식별.

⑮ ExpandCollapsePattern_ExpandCollapseState: ExpandCollapseState의 자동화 요소 속성 식별.

⑯ WindowPattern_CanMaximize: 자동화 요소가 최대화될 수 있는지 여부 지정 값 식별.

⑰ WindowPattern_CanMinimize: 자동화 요소가 최소화될 수 있는지 여부 지정 값 식별.

⑱ WindowPattern_IsModal: 자동화 요소가 모달인지 여부 지정 값 식별.

⑲ WindowPattern_IsTopmost: 자동화 요소가 Z Order(특정 창이 다른 창들 뒤에 가려져야 하는지 결정하는 방법)가 가장 위에 있는 요소인지 여부 지정 값.

⑳ WindowPattern_WindowVisualState: 창의 표시 상태를 지정하는 값을 포함하여 자동화 속성 식별.

㉑ RangeValuePattern_IsReadOnly: UI 자동화 요소의 값이 읽기 전용인지 여부 지정 값 식별.

㉒ RangeValuePattern_Maximum: UI 자동화 요소에서 지원하는 최대 범위 값 식별.

㉓ RangeValuePattern_Minimum: UI 자동화 요소에서 지원하는 최소 범위 값 식별.

㉔ RangeValuePattern_Value: UI 자동화 요소의 현재 값 식별.

㉕ SAP_Handle: Microsoft Windows의 기본 창 핸들 설정.

㉖ SAP_Iconic: 창이 아이콘화되면 해당 속성 설정 가능. 아이콘화된 창에서 스크립트 명령을 실행할 수 있지만 특히 컨트롤이 관련된 경우, 잘못된 크기 설정이 있을 수 있으므로 정의되지 않은 결과 생성 가능성 존재.

㉗ SAP_WorkingPaneHeight: 문자 매트릭스에서 작업 창 높이.

㉘ SAP_WorkingPaneWidth: 문자 메트릭에서 작업 창의 너비. 작업 창은 창의 위쪽 영역에 있는 도구 모음과 창 아래쪽에 있는 상태 표시줄 사이의 영역.

㉙ SAP_DisplayedText: 앞 또는 뒤 공백을 포함하여 화면에 표시되는 텍스트 포함. 공백은 text 속성에서 제거되어 표기.

㉚ SAP_MaxLength: 레이블의 최대 텍스트 길이는 코드 단위로 계산. 비유니코드 클라이언트에서 이는 바이트와 동일.

㉛ SAP_Opened: 아래 이미지와 같이 오른쪽에 있는 화살표 버튼 사용 가능.

㉜ SAP_Selected: 열 선택 속성.

㉝ SAP_RowCount: 컨트롤의 행 수.

㉞ SAP_ColumnCount: 컨트롤의 열 수.

㉟ SAP_VisibleRowCount: 그리드의 보이는 행 수 검색.

㊱ SAP_TableFieldName: 테이블 컨트롤의 name 속성 일반 필드 이름만 설정.

㊲ SAP_CellValue: 지정된 셀의 값을 문자열로 반환.

㊳ SAP_CellChangeable: 지정된 셀 편집.

㊴ SAP_CellCheckBoxChecked: 지정된 위치의 확인란이 선택.

㊵ SAP_CellMaxLength: 셀의 최대 길이를 바이트 수로 반환.

㊶ SAP_CellState: 셀의 상태 반환(Normal, Error, Warning, Info).

㊷ SAP_CellType: 지정된 셀의 유형 반환(Normal, Button, Checkbox, ValueList, RadiooButton).

㊸ SAP_SubType: 셀이 나타내는 컨트롤을 식별하기 위한 추가 유형 정보(예: Picture, TextEdit, GridView…) 식별.

㊹ SAP_SelectionMode: RowsAndColumns, ListboxSingle, ListboxMultiple, Free.

RowsAndColumns: 행과 열만 선택 가능. 셀의 개별 직사각형 영역 허용 불가.

ListboxSingle: 하나의 행만 선택 가능.

ListboxMultiple: 하나 이상의 행 선택 가능.

Free: 모든 종류의 선택 가능.

CHECKMATE 기능 활용

※ Object Set Value 사용법

Object SetValue 이벤트는 오브젝트의 속성 정보를 인식해 Set 합니다.

대상은 브라우저도 가능하나 IE와 Chrome(CheckMATE 브라우저 이벤트에서 크롬으로 실행했을 경우만 가능) 브라우저에서 가능합니다.
Set에는 Invoke와 같은 함수 명령도 있지만 SetValue 같은 입력 필드 명령도 있습니다.

1) Object Element Capture 버튼으로 오브젝트를 인식합니다. 오브젝트가 인식되면 파란색 Box가 보여지며 클릭하면 자동으로 오브젝트 정보를 보여 줍니다.

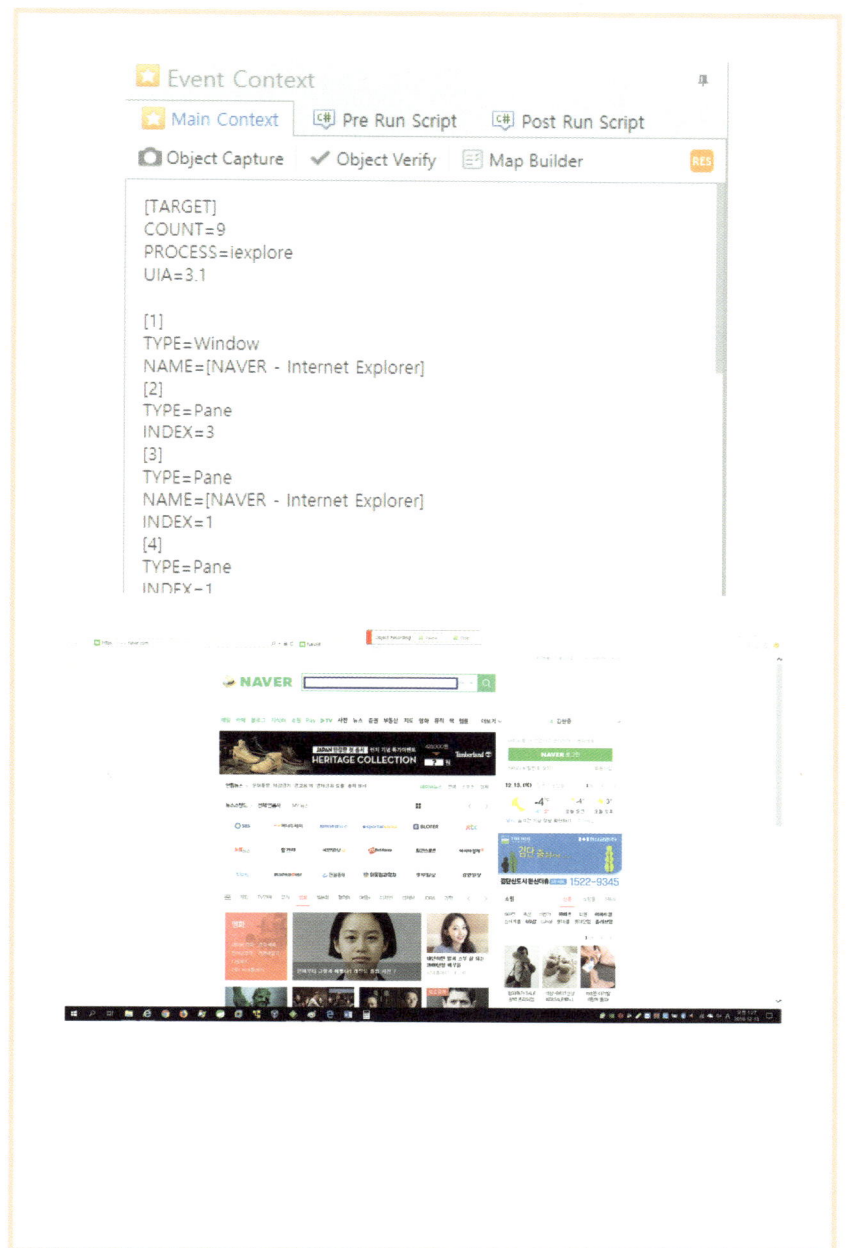

3. RPA 적용 기술

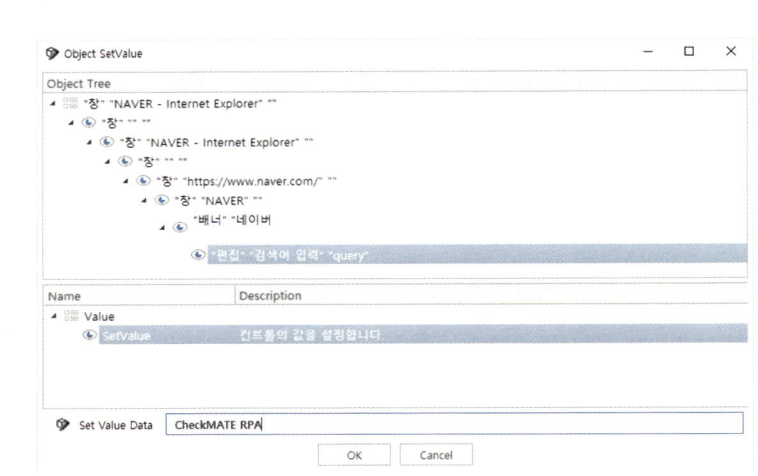

2) Event Properties

- Event Name: 이벤트 이름

- Stop If Error: 에러 발생 시 중지 여부

- Maximum Run Time: 수행 시간 임계치(임계치 초과 시 실패)

- Set Attribute Type: Set 할 오브젝트 속성의 종류

- Set Data: 입력필드 대상이라면 입력 값

- Allow Multiple (UIA Only): 동일 조건의 오브젝트가 있을 경우 모두 체크

- Allow Finder Scrolling (UIA Only): 동일 조건의 오브젝트가 있을 때까지 자동 스크롤

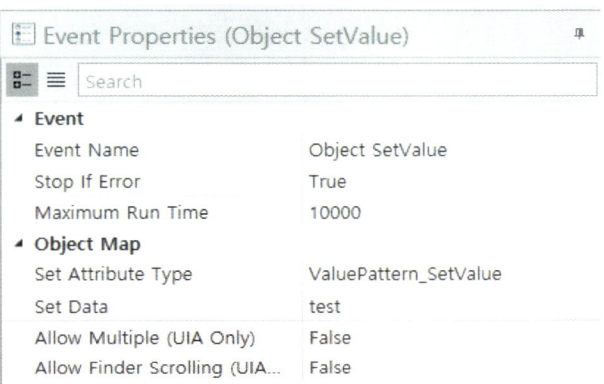

3) 오브젝트 속성을 선택하실 수 있습니다.

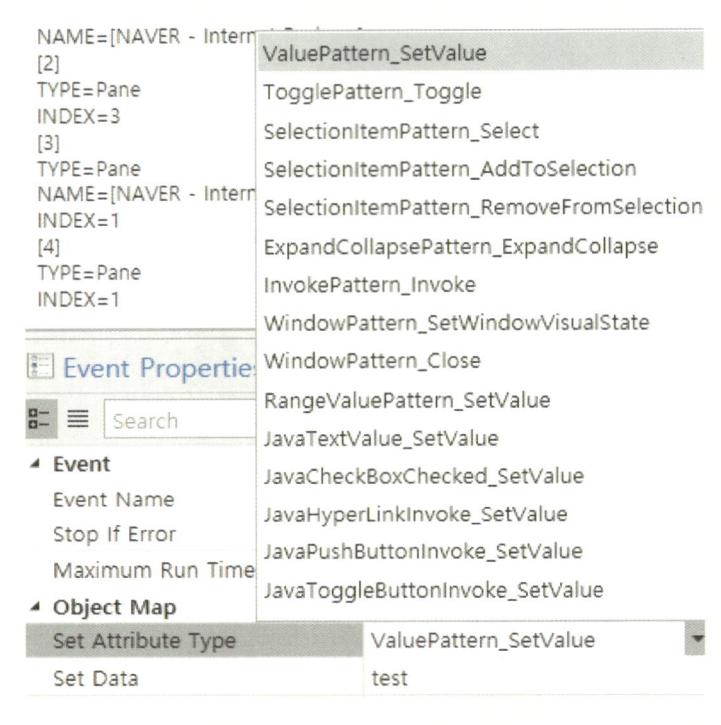

4) ✔ Object Element Find 버튼을 눌러 기록된 오브젝트 검증을 할 수 있습니다.

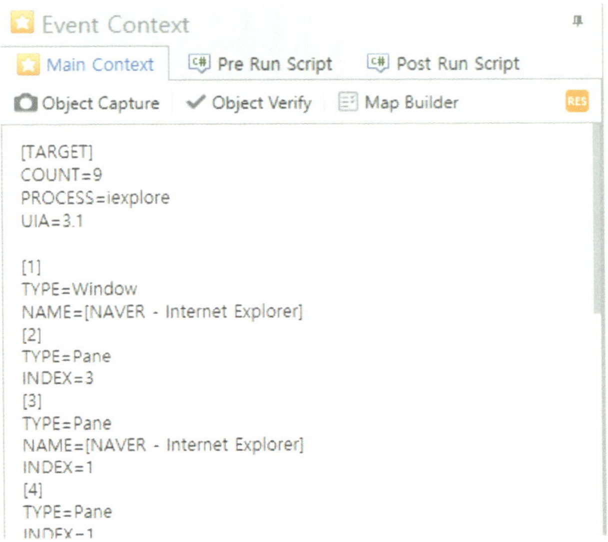

```
[Event Context]
Main Context | Pre Run Script | Post Run Script
Object Capture | Object Verify | Map Builder

[TARGET]
COUNT=9
PROCESS=iexplore
UIA=3.1

[1]
TYPE=Window
NAME=[NAVER - Internet Explorer]
[2]
TYPE=Pane
INDEX=3
[3]
TYPE=Pane
NAME=[NAVER - Internet Explorer]
INDEX=1
[4]
TYPE=Pane
INDEX=1
```

5) 입력값 암호화

- 입력값을 암호화할 수 있습니다. 보안에 민감한 데이터는 암호화하여 관리합니다.

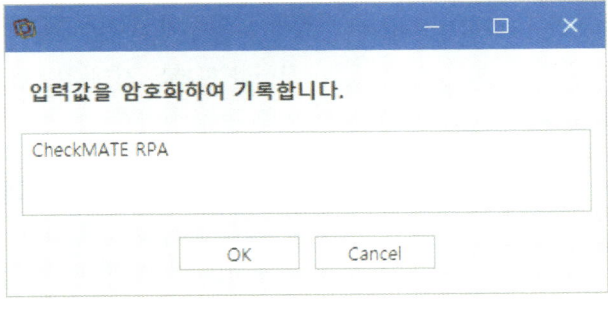

3. RPA 적용 기술

Stop if Error	True
Maximum Run Time	10000
▲ Set Data	
Set Data	@ENC1_UDH752g5e0PJXuMe0vKvelc...

6) Object Map 정의

- TARGET

　① COUNT: 오브젝트 계층 수(COUNT 값을 변경하면 변경된 오브젝트 계층으로 바로 실행 및 디버그 가능)

　② Process: 프로세스 명

- 0-9: 오브젝트 계층 순서

[참고 사항]

- 오브젝트 인식 대상 프로그램의 구현에 따라 캡처가 제대로 동작하지 않을 수 있습니다.

- Event Properties의 Set Attribute Type 속성

① ValuePattern_SetValue: 컨트롤 값 설정.

② TogglePattern_Toggle: 자동화 요소 상태를 설정 및 해제.

③ SelectItemPattern_Select: 선택한 항목을 선택 취소한 다음, 현재 요소 선택.

④ SelectItemPattern_AddToSelecton: 선택한 항목 컬렉션에 현재 요소 추가.

⑤ SelectItemPattern_RemoveFromSale: 선택한 항목 컬렉션
에서 현재 요소 제거.

⑥ ExpandCollapsePattern_ExpandCollapse: 시각적으로 확장
되어 콘텐츠를 표시하거나 축소되어 콘텐츠를 숨기는 컨트롤의
속성 식별.

⑦ InvokePattern_Invoke: 요청을 보내 컨트롤을 활성화하고 해
당하는 명확한 단일 작업 시작.

⑧ WindowPattern_SetWindowVisualState: 창의 표시 상태를
지정하는 값 변경.

⑨ WindowPattern_Close: 해당 창을 닫으려고 시도.

⑩ RangeValuePattern_SetValue: UI 자동화 요소와 연결된 값
설정.

⑪ SAP_SetFocus: 개체에 초점 설정.

⑫ SAP_Close: 외부 창 종료.

⑬ SAP_Iconify: 창이 아이콘화된 상태로 설정.

⑭ SAP_Restore: 아이콘화된 상태에서 창 복원.

⑮ SAP_Maximize: 창을 최대화. 모달 창을 최대화하는 것은 불
가능. 항상 최대화되는 기본 창.

⑯ SAP_Opened: 아래 이미지와 같이 오른쪽에 있는 화살표 버
튼 사용 가능.

⑰ SAP_SelectAllColumns: 한 단계에서 모든 열을 선택 취소할

수 있는 버튼이 있는 테이블 컨트롤에 사용 가능.

⑱ SAP_DeselectAllColumns: 한 단계에서 모든 열을 선택 취소 할 수 있는 버튼이 있는 테이블 컨트롤에 사용 가능.

⑲ SAP_DoubleClick: 마우스 더블 클릭.

⑳ SAP_SetCurrentCell: 행과 열이 유효한 셀을 식별하는 경우, 해당 셀이 현재 셀로 설정.

㉑ SAP_ModifyCell: 행과 열이 유효한 편집 가능한 셀 식별, 값에 해당 셀에 대한 유효한 유형이 있으면 셀 값 자동 변경.

㉒ SAP_SelectAll: 전체 그리드 내용(모든 행과 모든 열) 선택.

㉓ SAP_ClearSelection: 모든 행, 열 및 셀 선택 제거.

㉔ SAP_DeleteRows: 쉼표로 구분된 인덱스 또는 인덱스 범위 문자열(예: "3, 5-8, 14, 15") 삭제.

㉕ SAP_InsertRows: 쉼표로 구분된 인덱스 또는 인덱스 범위 문자열(예: "3, 5-8, 14, 15") 삽입.

㉖ SAP_SetCheckBoxState: 지정된 셀에 있는 확인란 선택하거나 선택 취소.

㉗ SAP_ExpandNode: 노드 확장.

㉘ SAP_CollapseNode: 노드 닫음.

㉙ SAP_SelectNode: 노드 선택에 추가.

㉚ SAP_UnselectNode: 노드 선택에서 제거.

㉛ SAP_UnselectAll: 모든 선택 제거.

㉜ SAP_DoubleClickNode: 노드를 두 번 클릭.

CHECKMATE 기능 활용

※ HTML GetValue 사용법

HTML GetValue 이벤트는 HTML 오브젝트의 속성 정보를 인식해 변수에 저장합니다.

1) HTML Element Capture 버튼으로 오브젝트를 인식합니다. 오브젝트가 인식되면 파란색 Box가 보여지며 클릭하면 자동으로 오브젝트 정보를 보여 줍니다.

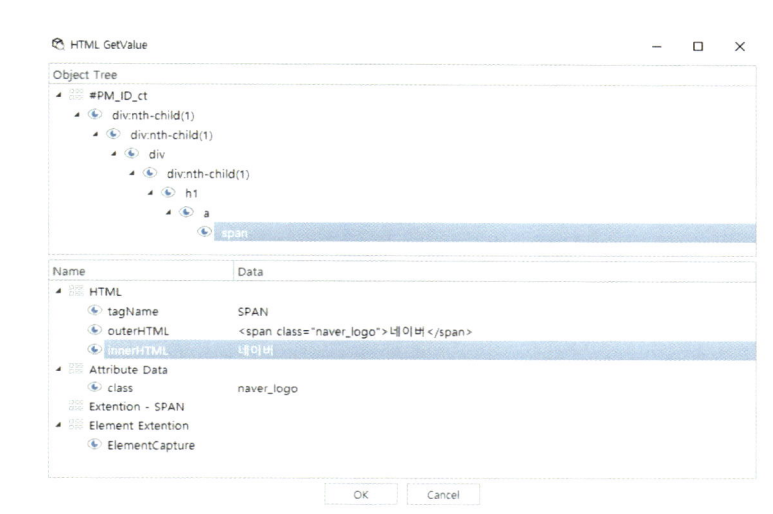

2) Event Properties

- Event Name: 이벤트 이름

- Stop If Error: 에러 발생 시 중지 여부

- Maximum Run Time: 수행 시간 임계치(임계치 초과 시 실패)

- Get Attribute Name: 가져올 오브젝트 속성의 종류

- Result Save: 오브젝트 속성을 저장할 변수명 지정(string Type)

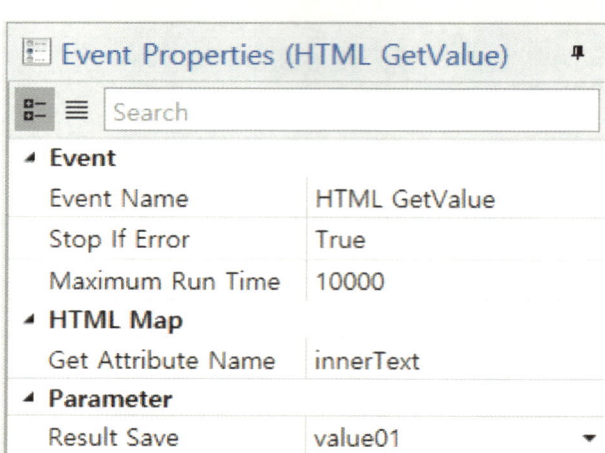

3) 오브젝트 속성을 변경하실 수 있습니다. (HTML 오브젝트 속성은 정규화되어 있지 않기 때문에 리스트형이 아닌 입력형입니다.)

- 레코딩 시 속성 Key명은 자동 입력됩니다.

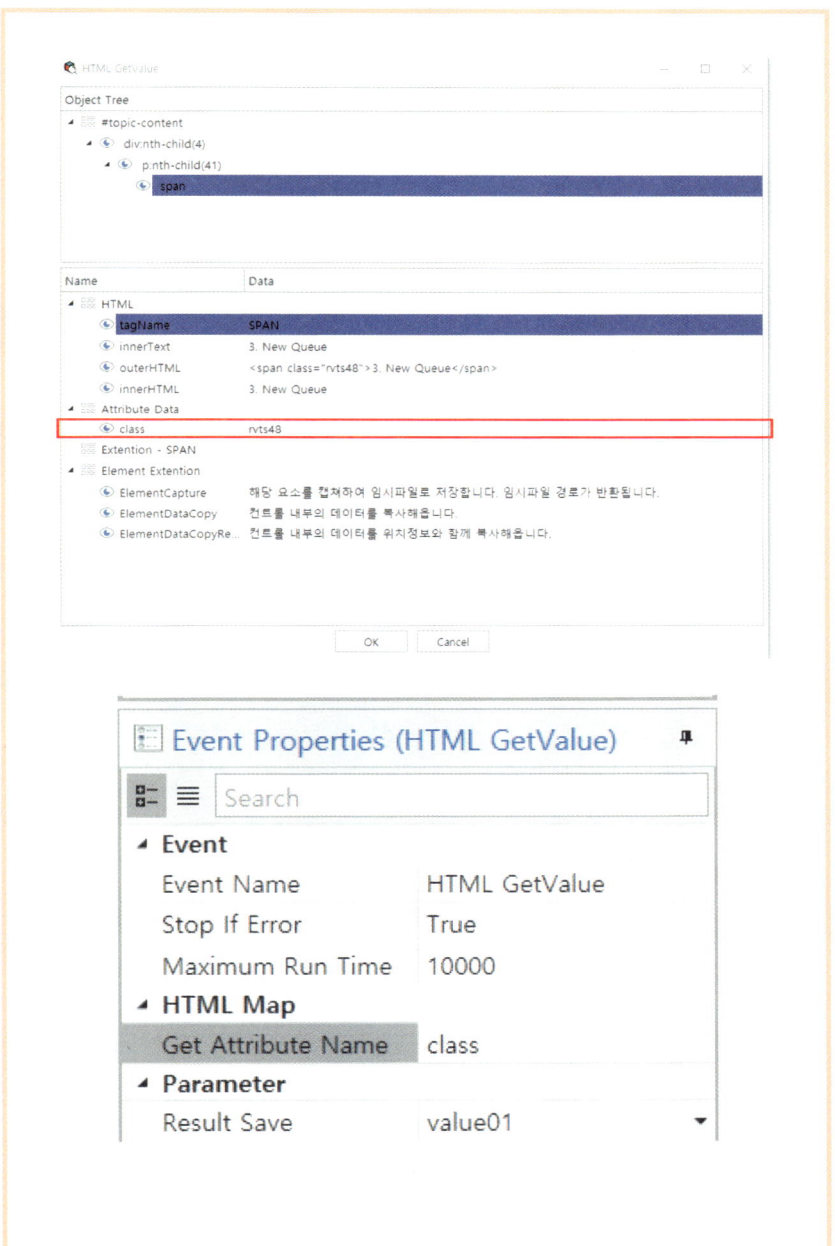

3. RPA 적용 기술

4) ◉ HTML Element Capture 버튼을 눌러 기록된 오브젝트 검증을 할 수 있습니다.

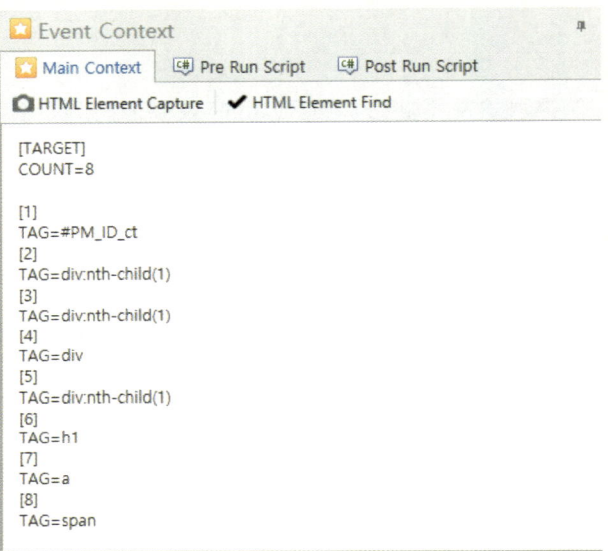

5) Result Save
- 변수 저장하는 방법은 변수 생성 및 활용 스텝에서 확인하시길 바랍니다.

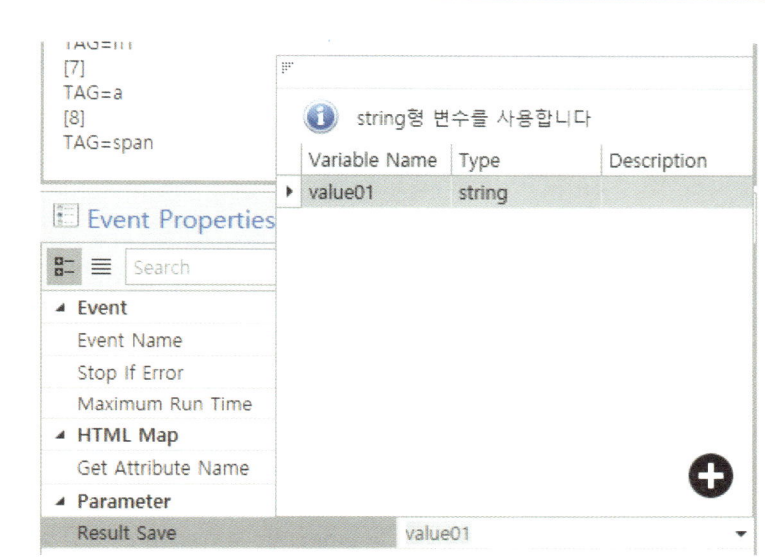

6) Object Map 정의

- TARGET

　① COUNT: 오브젝트 계층 수(COUNT 값을 변경하면 변경된 오브젝트 계층으로 바로 실행 및 디버그 가능)

- 0-9: 오브젝트 계층 순서

　① TAG: 레코딩은 ID나 계층 기반으로 작성되지만 원하는 TAG로 직접 수정 가능

[활용 예]

TAG= input[name= stDate]

CHECKMATE 기능 활용

※ HTML SetValue 사용법

HTML SetValue 이벤트는 HTML 오브젝트의 속성 정보를 인식해 Set합니다.

Set에는 click()과 같은 함수 명령도 있지만 SetValue 같은 입력 필드 명령도 있습니다.

1) ◘ HTML Element Capture 버튼으로 오브젝트를 인식합니다. 오브젝트가 인식되면 파란색 Box가 보여지며 클릭하면 자동으로 오브젝트 정보를 보여 줍니다.

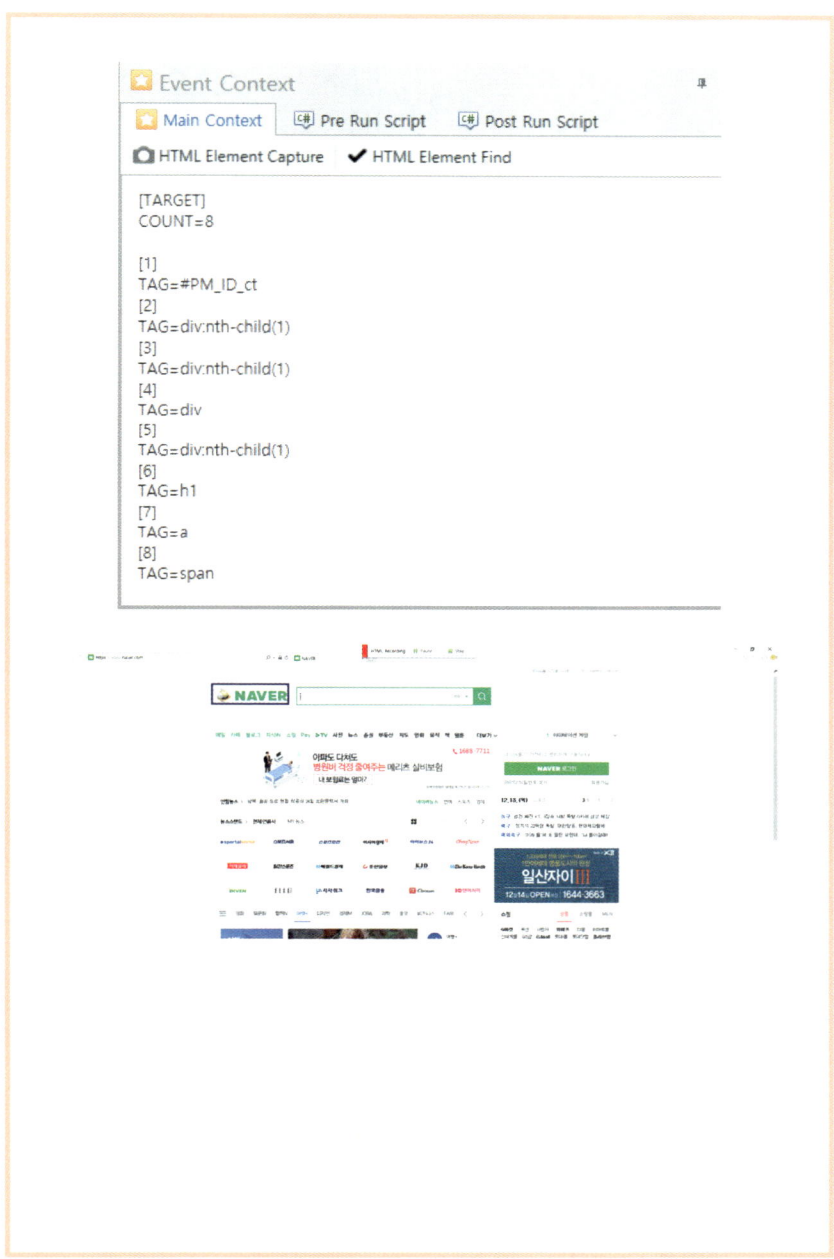

3. RPA 적용 기술

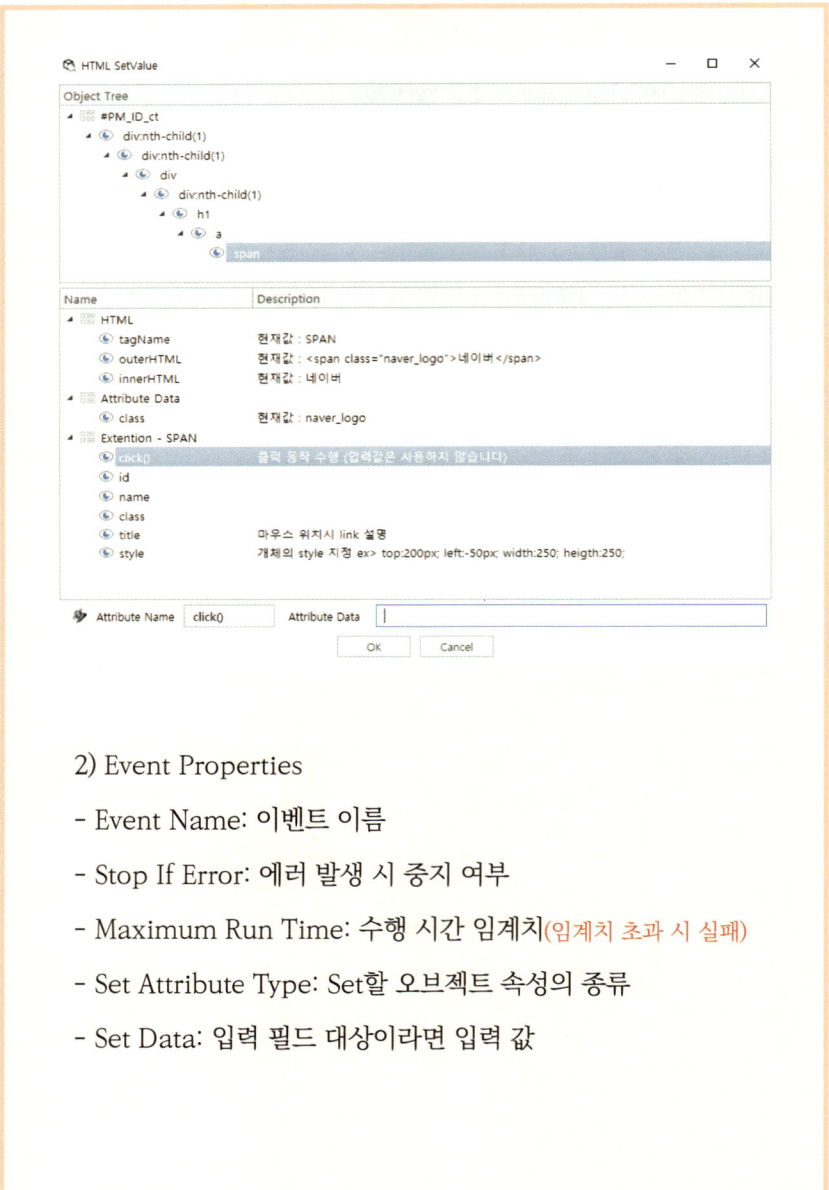

2) Event Properties

- Event Name: 이벤트 이름

- Stop If Error: 에러 발생 시 중지 여부

- Maximum Run Time: 수행 시간 임계치(임계치 초과 시 실패)

- Set Attribute Type: Set할 오브젝트 속성의 종류

- Set Data: 입력 필드 대상이라면 입력 값

3) 오브젝트 속성을 변경하실 수 있습니다. (HTML 오브젝트 속성은 정규화되어 있지 않기 때문에 리스트형이 아닌 입력형입니다.)

- 레코딩 시 속성 Key명은 자동 입력됩니다.

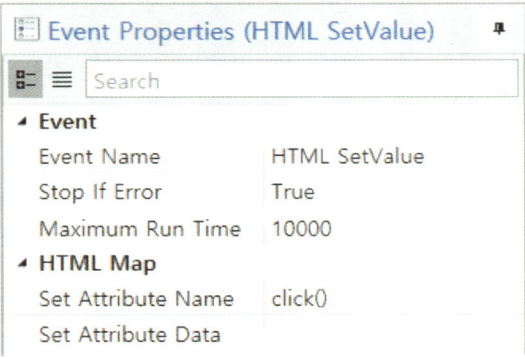

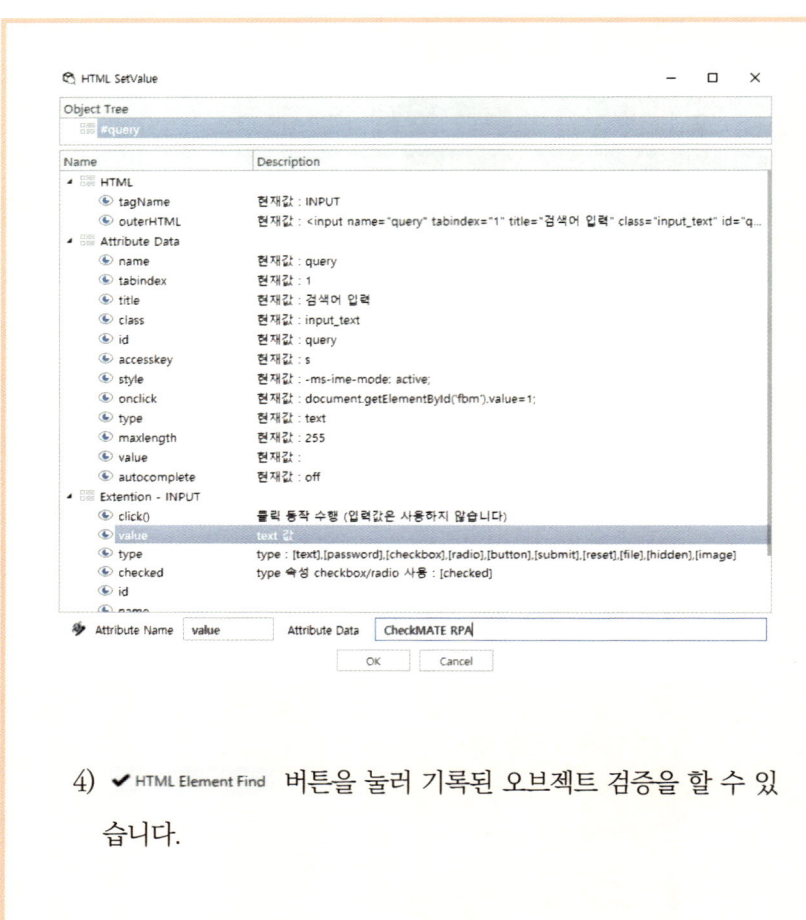

4) ✔ HTML Element Find 버튼을 눌러 기록된 오브젝트 검증을 할 수 있습니다.

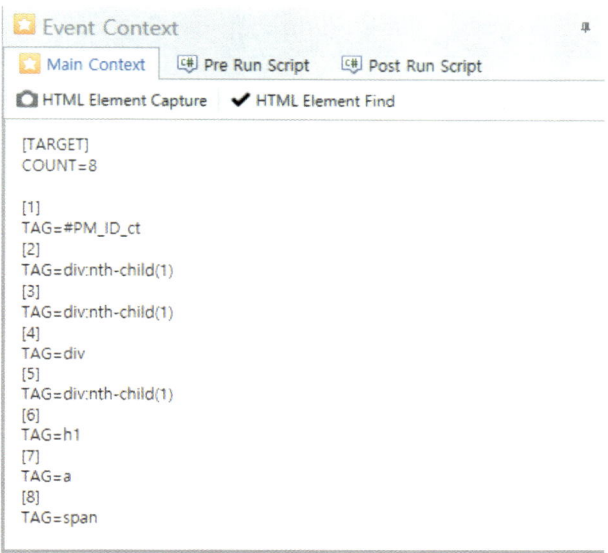

5) 입력값 암호화

- 입력값을 암호화할 수 있습니다. 보안에 민감한 데이터는 암호화하여 관리합니다.

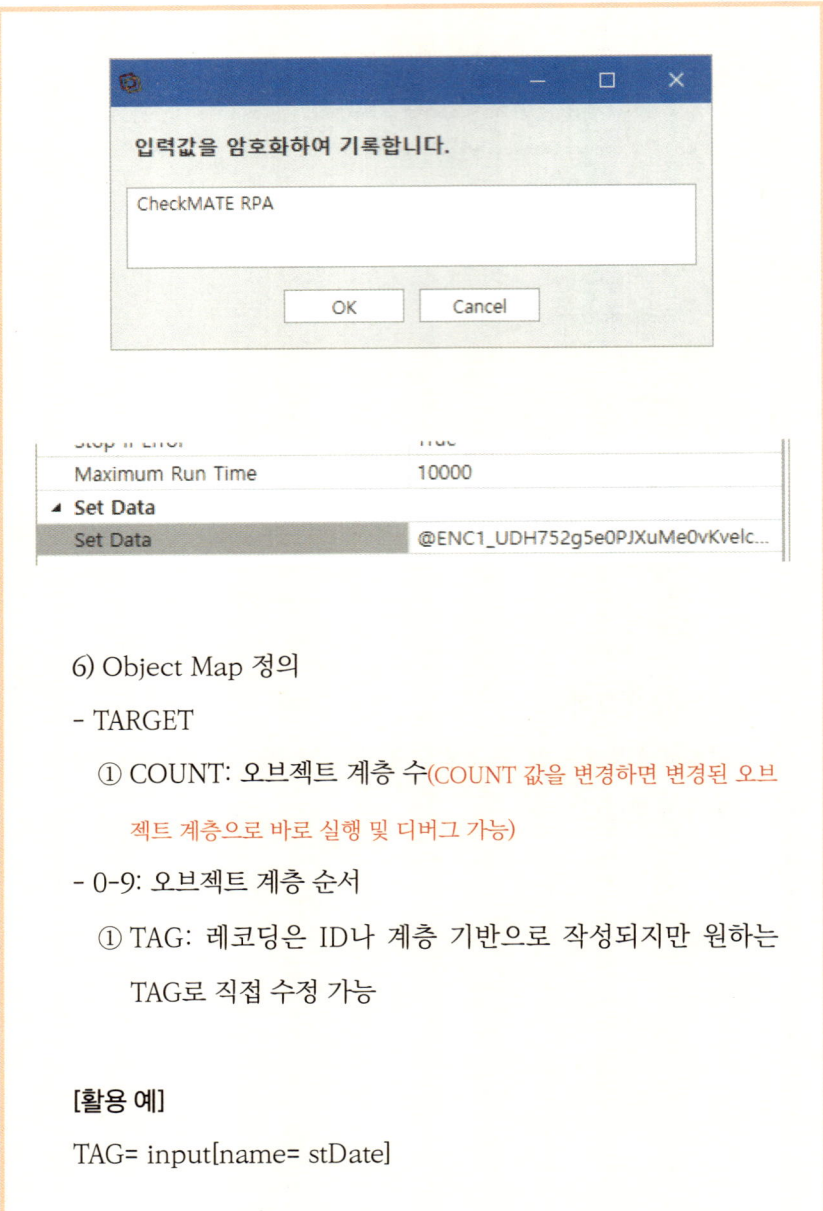

6) Object Map 정의

- TARGET

　① COUNT: 오브젝트 계층 수(COUNT 값을 변경하면 변경된 오브

　　젝트 계층으로 바로 실행 및 디버그 가능)

- 0-9: 오브젝트 계층 순서

　① TAG: 레코딩은 ID나 계층 기반으로 작성되지만 원하는

　　TAG로 직접 수정 가능

[활용 예]

TAG= input[name= stDate]

3.3 광학 문자 인식(Optical character recognition - OCR)

IT 기술 중 이미지 내의 문자를 인식하는 기술인 OCR은 신기술이라고 할 수 없을 정도로 IT 시장에서 오래된 기술이다. 초기 OCR 연구 개발은 영어를 기반으로 진행이 되었고 어지간한 영어 문서들의 이미지는 꽤 높은 인식률을 보였다. 그러나 몇 가지 문제점이 나오게 되면서 OCR의 활용도가 급격하게 줄어들고 특정 시장에 한정되어 제공되게 된다.

첫 번째로는 이미지의 품질이 최소 300dpi 이상의 해상도와 인쇄체에 인식률이 좋기 때문에 낮은 해상도의 팩스 기기에서 스캔한 이미지나 필기체에 대한 해답이 없었다. 이러한 이유로 특정 문자들만 OCR DB에 학습을 하여 인식하는 자동차 번호판 인식과 같은 특정 영역에서 활용도를 보인다.

두 번째로는 한글, 한문, 일본어와 같은 비영어권 문자 인식률이 높지 않다는 것이다. 쉽게 말하면 글자 자체가 정형화가 되어 있지 않기 때문에 실생활에 적용하기에는 쉽지 않은 것이 사실이다.

위와 같은 문제점들을 해결하기 위해 최근 OCR은 AI 기술을 접목하게 된다. 그것은 바로 학습을 하는 방식인데 글자나 문장, 단어 등을 학습하여 인식을 하는 방식이다. AI 학습은 어떻게 보면 쉬운 작업이 아닐 수 있다. 예를 들어 문서 이미지가 휘어 있거나 문자의 크기, 종류에 따라 인식률을 높이려면 이미지 증식을 통한 학습을 해야 하고 학습 데이터도 어마어마한 양을 대상으로 학습을 해야 인식률이 높아질 수 있다.

　AI-OCR에 대한 연구와 학습은 지금 이 시간에도 여러 업체들이 학습을 하고 있지만 한 가지 수용해야 할 것은 아무리 AI-OCR이라고 해도 인식률이 100%는 없다는 것이다. 인식률이 100%가 아니라는 것은 비용에 관한 업무 및 중요한 업무에서는 RPA를 사용함에 있어 적용하기가 쉽지 않다는 것이다. RPA라는 시스템은 자동화 시스템과 반자동화 시스템으로 나누어질 수 있는데 자동화에 있어서는 사람이 결과를 한 번 더 확인해야 하는 단계를 거쳐야 하기 때문에 적극적으로 권장하지 않는다. 그러나 앞으로의 무한한 가능성을 가진 AI-OCR 시장은 Hyper Automation을 실현하는 데 있어 큰 역할을 할 것이라는 것은 의심의 여지가 없다.

CHECKMATE 기능 활용

※ OCR Capture 사용법

OCR Capture 이벤트는 이미지 영역을 지정한 후 OCR을 인식합니다.

1) Capture 버튼으로 이미지 영역을 지정합니다.

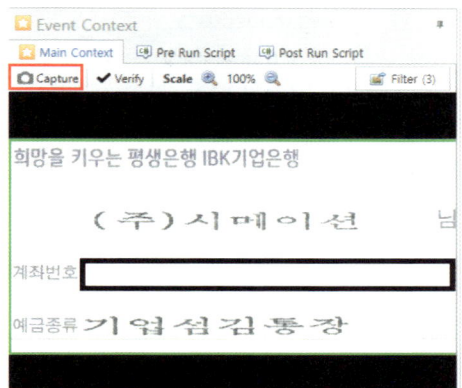

2) Event Properties
- Event Name: 이벤트 이름
- Stop If Error: 에러 발생 시 중지 여부

- Maximum Run Time: 수행 시간 임계치(임계치 초과 시 실패)
- OCR Box Left: OCR 인식 영역 왼쪽 좌표
- OCR Box Top: OCR 인식 영역 위쪽 좌표
- OCR Box Width: OCR 인식 영역 가로 크기 좌표
- OCR Box Height: OCR 인식 영역 세로 크기 좌표
- OCR Detect Mode: Simple(심플 모드)/ Document(문서 모드)
- OCR Data: kor, eng 등 언어 명(.traineddata 파일명)

    cha_cdsal.traineddata
    eng.traineddata
    jpkor.traineddata
    kor.traineddata
    kor_vert.traineddata
    webkor.traineddata

- OCR Engine Mode: Tesseract OCR 엔진 모드
- Page Segmentation Mode: Segmentation 인식 모드
- PageIterator Level: PageIterator Level
- Allow Score: 이미지 매칭 Score 임계치 점수
- Capture Module: System Setting/ API Capture/ DirectX Capture/ Desktop Window Capture

  : System Setting: ETC Setting에서 설정한 Capture Module

로 동작

: API Capture: 일반적인 API 캡처

: DirectX Capture: DirectX 모듈을 사용하여 캡처(캡처 방지 환경에서 일부 캡처 가능)

: Desktop Window Capture: 프로세스 단위에서 캡처(캡처 방지 환경에서 캡처 가능)

- Result Save: OCR 결과를 저장할 변수명 지정(string, DataTable Type)

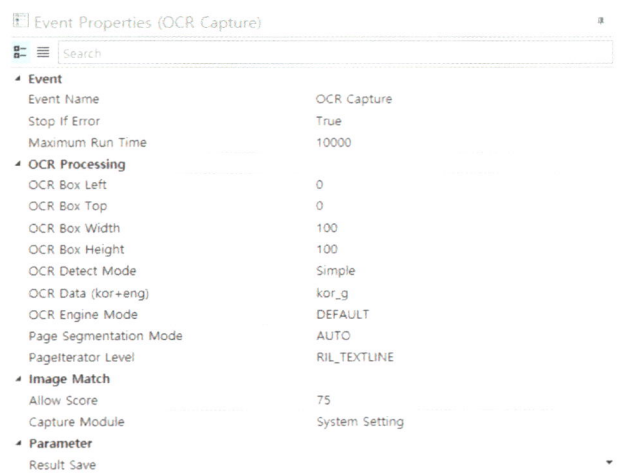

3) 'Verify' 버튼을 눌러 선택한 이미지의 검증을 할 수 있습니다.

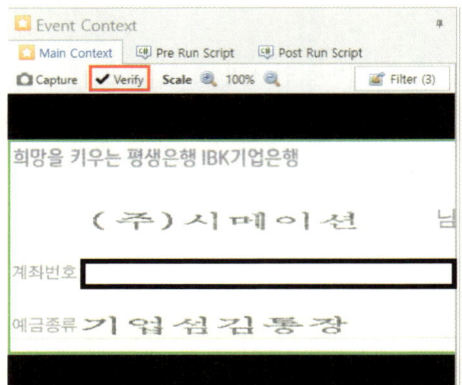

4) Allow Score 조정(이미지 매칭 Score 임계치 점수): Default 75로 지정이 되어 있으나, 이미지 판독의 유사도 조정이 필요한 경우 수치 변경이 가능합니다. (수치가 높을수록 이미지가 정확해야 함)

5) Filter Option은 사용자가 미리 보기 이미지를 확인하면서 이미지 프로세싱을 수행할 수 있습니다.

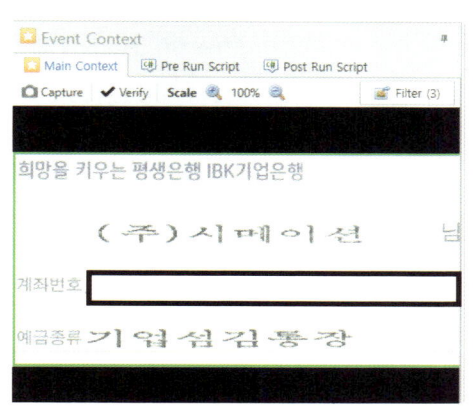

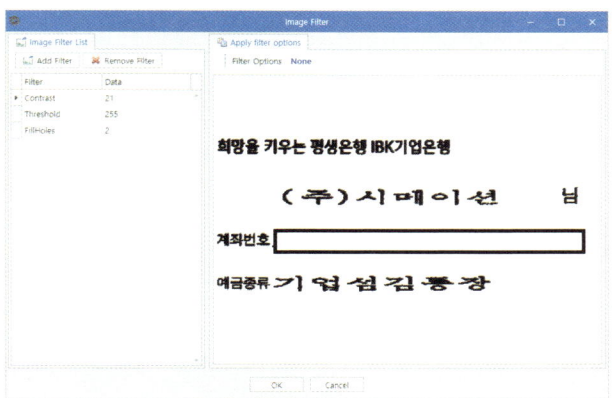

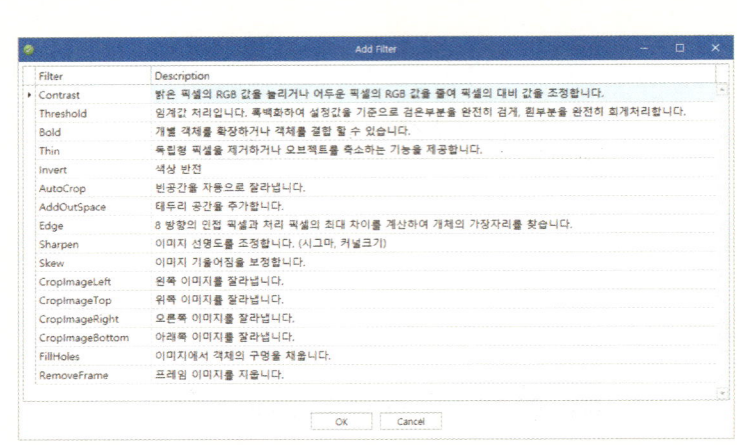

CHECKMATE 기능 활용

※ OCR File 사용법

OCR File 이벤트는 이미지 파일을 지정한 후 OCR을 인식합니다.

1) 📂 버튼으로 이미지 파일을 선택하거나 CheckMATE String 변수 치환 규칙인 {file}로 설정 가능합니다.
- CheckMATE String 변수 치환 시 File명이 변수값에 있어야 합니다. (Full Path 포함)

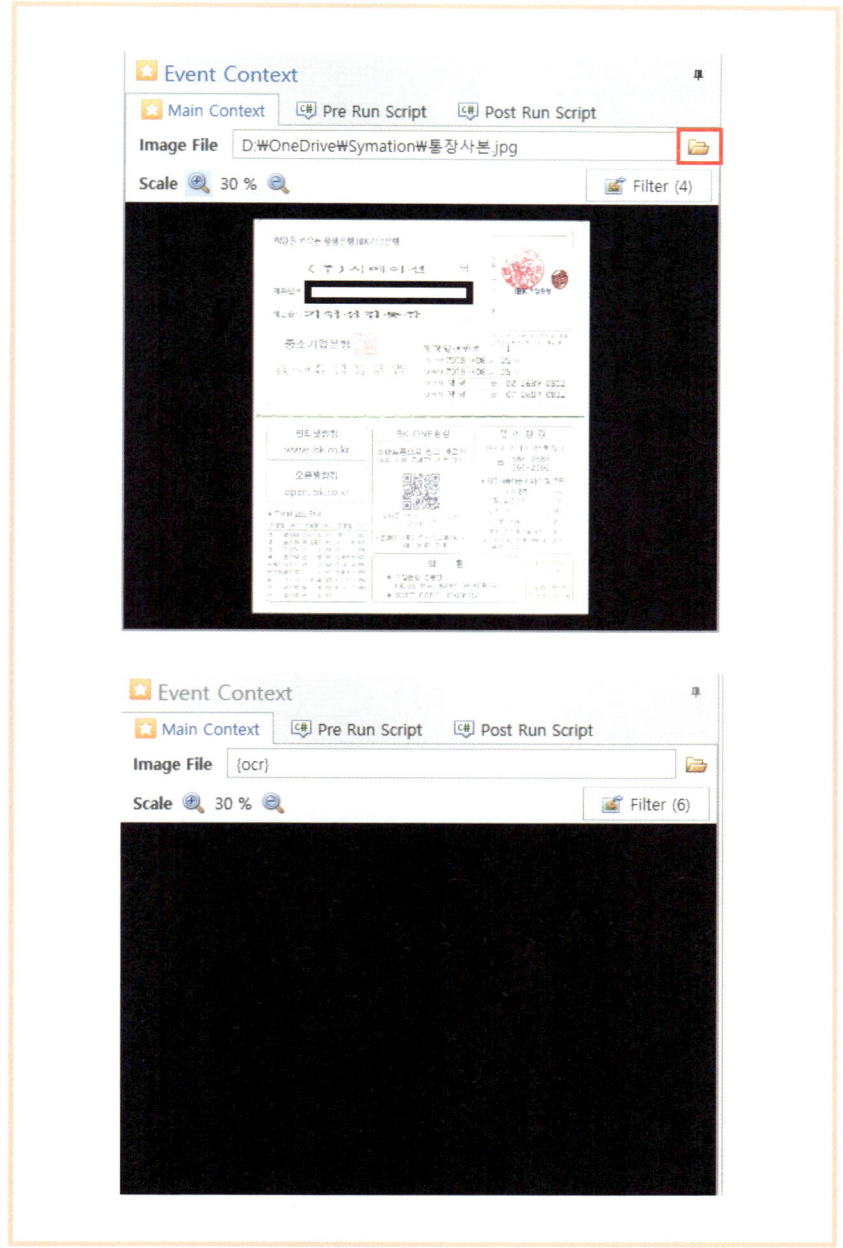

3. RPA 적용 기술

2) Event Properties

- Event Name: 이벤트 이름
- Stop If Error: 에러 발생 시 중지 여부
- OCR Detect Mode: Simple(심플 모드)/ Document(문서 모드)
- OCR Data: kor, eng 등 언어 명(.traineddata 파일명)

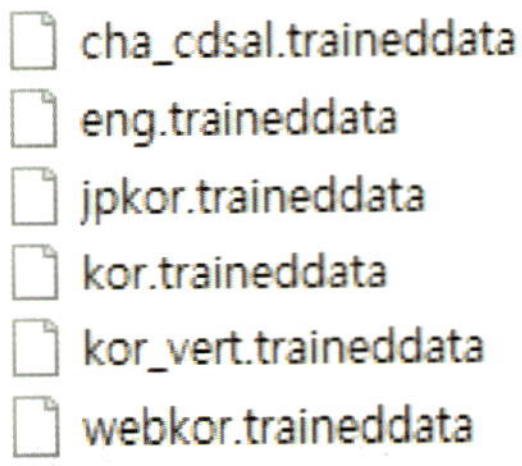

    cha_cdsal.traineddata
    eng.traineddata
    jpkor.traineddata
    kor.traineddata
    kor_vert.traineddata
    webkor.traineddata

- OCR Engine Mode: Tesseract OCR 엔진 모드
- Page Segmentation Mode: Segmentation 인식 모드
- PageIterator Level: PageIterator Level
- Result Save: OCR 결과를 저장할 변수명 지정(string, DataTable Type)

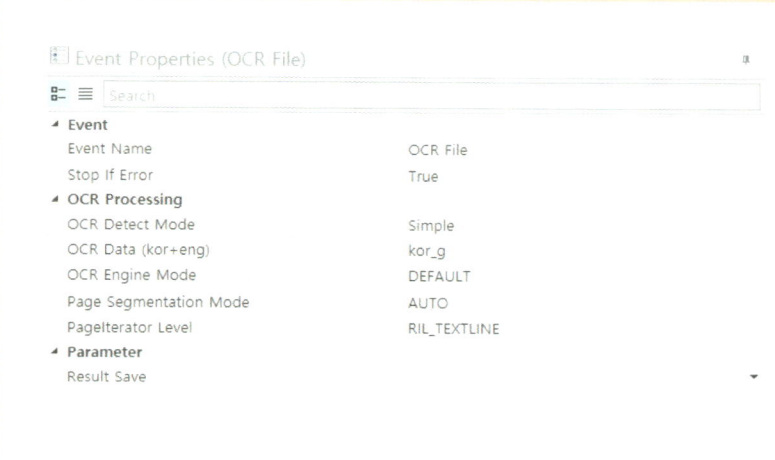

3) Filter Option은 사용자가 미리 보기 이미지를 확인하면서 이미지 프로세싱을 수행할 수 있습니다.

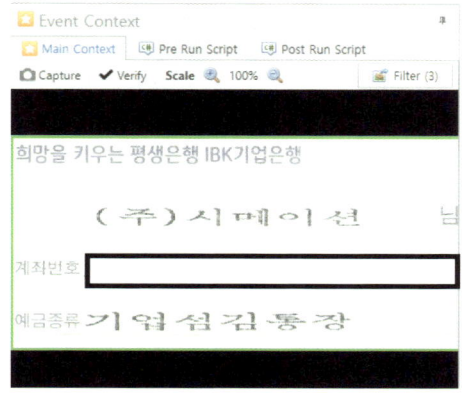

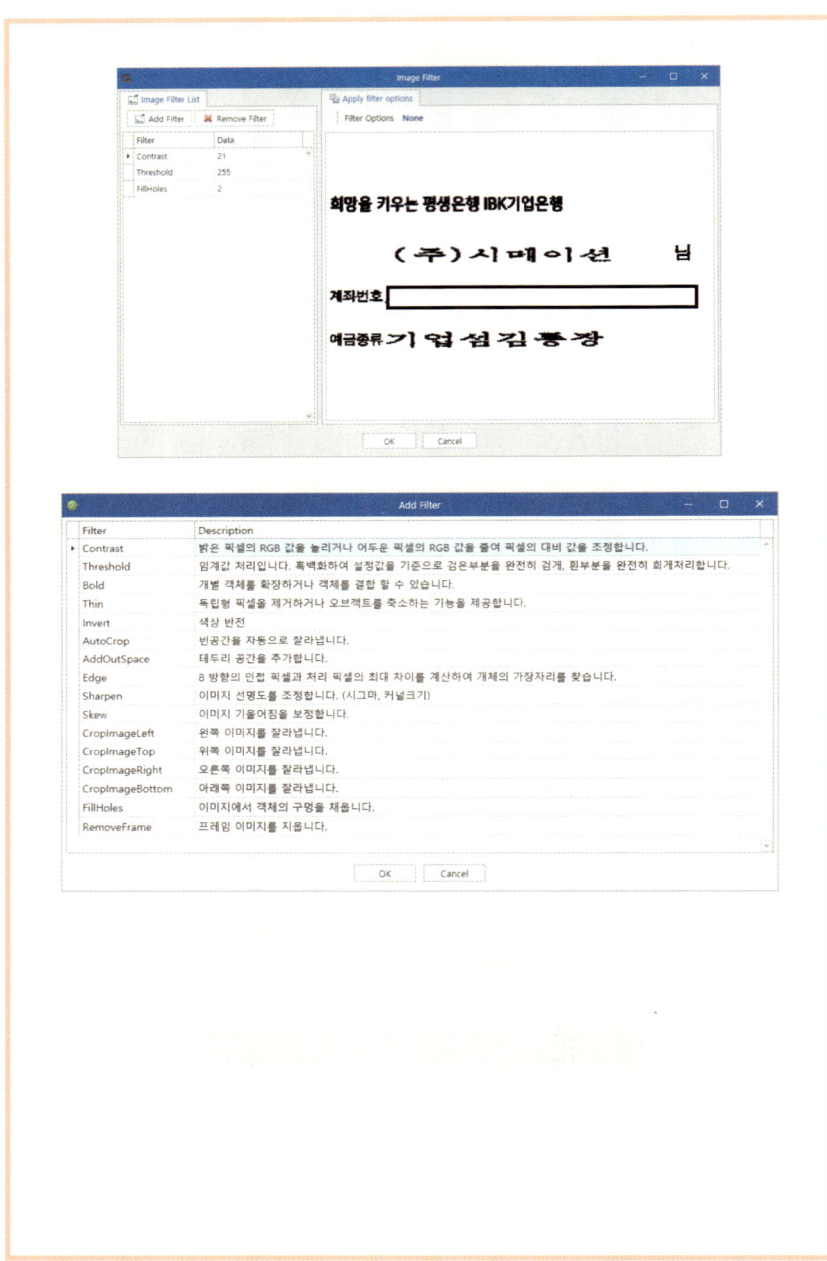

3.4 Multi Space(One PC - Multi Space)

　RPA는 전용 봇을 두어 운영을 하기 때문에 전용 봇에서는 사람이 작업을 하지 않지만 RDA에서는 각각의 개개인 PC에서 개인 업무를 병행하기에 자동화를 실행하면 사람은 동시에 PC를 사용할 수 없게 되는 문제가 발생하게 된다. 지금까지 자동화 업무를 수행하면서 사람이 작업을 하려면 RDA라 할지라도 전용 PC를 하나 더 마련해야 하는 수고와 비용이 발생하게 된다.

　이를 해결하기 위해서 하나의 PC에서 자동화 업무는 별도의 백그라운드 공간에 실행을 하는 기술인 Multi Space를 사용한다. Multi Space는 같은 PC의 OS 계정을 하나 더 만들고 Multi Session을 제공하여 동시에 업무를 할 수 있는 장점이 있다. 여기서 드는 의문점은 PC의 리소스 사용량이다. PC의 자원이 아무래도 1.5 ~ 2배가 되기 때문에 문제가 있다고 생각하지만 요즘 PC나 노트북의 H/W 사양을 보면 쾌적하게 동시 업무를 수행할 수 있다.

[CheckMATE RDA Multi Space 화면]

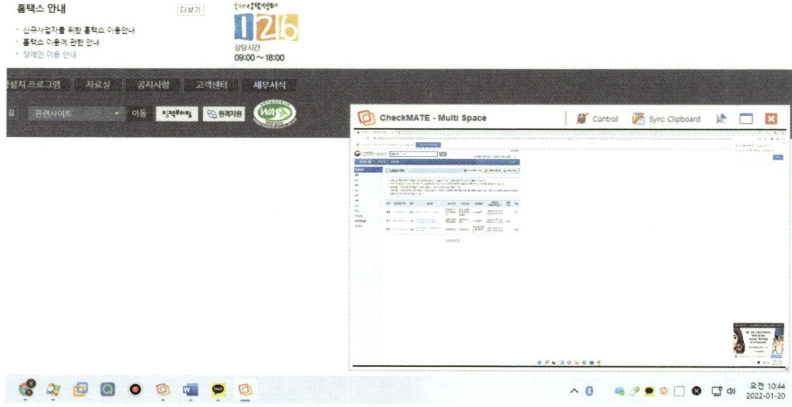

Multi Space의 또 다른 장점은 사람과의 커뮤니케이션이 가능하다는 것이다. 예를 들어 명령을 할 수 있는 Input Box 및 Message Box는 사람이 사용하고 있는 메인 화면에 보여 준다. 이것은 곧 서비스 확산이 될 AI 개인비서 개념에서 중요한 역할을 하며, 음성 인식과 RPA의 트리거 기능들을 조합하면 아이언맨에 나오는 자비스의 초기 모델을 어느 정도 구현할 수 있다.

3.5 물리 키보드 입력 컨트롤

RPA 시스템에서의 키 입력은 S/W로 수행한다. 간단히 말하자면 프로그램 내에서 키 입력 함수를 수행하는 것인데 이는 보안 강화 사이트 같이

S/W 키 입력을 차단하는 경우 키 입력 자동화는 할 수 없게 된다. 보안 강화 사이트를 예로 들면 로그인이나 키 입력은 모두 수동으로 해야 하는 경우가 발생하게 되는데 이를 해결하기 위하여 실제 사람이 물리 키보드에서 입력을 하는 것과 같이 입력을 해주는 것이다.

이 기술은 IT 학과 대학생들이나 IT 학원에서 보통 한번쯤은 해 봤을 Arduino를 사용하는 것이다. Arduino라는 것은 오픈 소스를 기반으로 한 단일 보드 마이크로 컨트롤러로 오픈소스 H/W라고 생각하면 된다. 실제 USB 타입으로 PC에 연결을 시켜 놓으면 RPA 솔루션에서 자동으로 인식하여 정말 키보드에서 입력하는 것과 같은 행위를 할 수 있다. 물론 Arduino 모듈을 그냥 연결한다고 되는 것은 아니고 RPA 솔루션이 인식 및 명령을 할 수 있도록 프로그램을 개발하여 Arduino 내 모듈화를 해야만 가능하다.

3.6 Mobile 컨트롤(Android/ iOS)

코로나 이후로 업무 스타일의 많은 변화가 있었는데 그중 하나가 비대면 서비스일 것이다. 최근 비대면 업무 환경이 확대되면서 기업 내 비대면 서비스 모니터링 시스템의 필요성이 대두되고 있다. 비대면 모니터링 시스템은 예고 없이 발생하는 이상 징후를 지속적으로 모니터링하여 사전에 대응하자는 목표를 가지고 있는데 보통 실제 고객이 사용하는 서비스에서 정상 작동 여부를 파악하는 데 있어 좋은 시스템이라고 할 수 있다. 비대면 서비스 모니터링 중에서도 Mobile 앱을 모니터링하는 것은 쉬운 일이 아니다. Mobile 종류의 다양성과 Android와 iOS 등 Mobile OS부터 해상도까지 모두 다양하기 때문에 Mobile을 대상으로 자동화를 수행하면서 모니터링한다는 것은 쉬운 일이 아니었다.

Mobile 자동화 기술은 크게 명령과 상태인지에 있다. 명령은 Mobile의 좌표 정보를 기반으로 Tab을 실행하거나 특정 앱을 실행 또는 종료 등을 수행할 수 있으며, 상태인지는 Mobile의 화면이나 상태 정보들을 모니터링한다.

[CheckMATE Mobile 이벤트 및 Preview 화면]

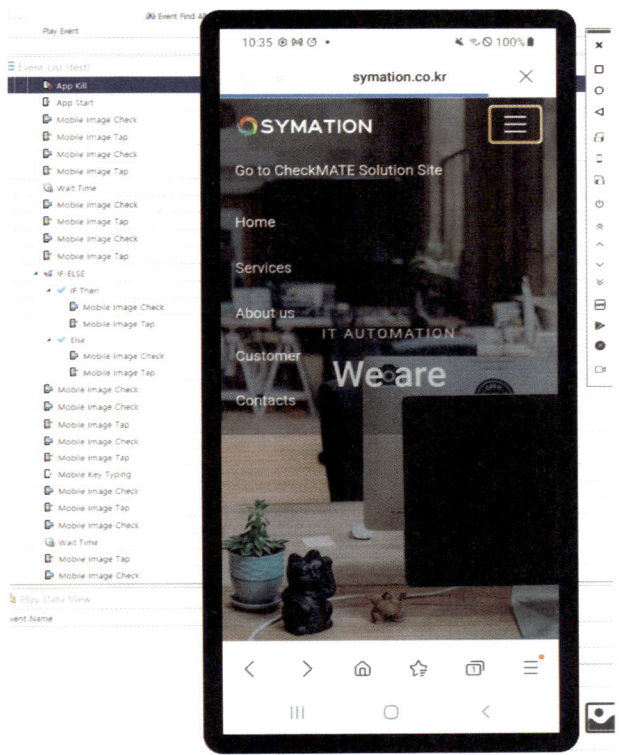

 Mobile을 다수 연결하게 되면 테스트의 핵심인 미러링 기능까지 제공한다. 다양한 해상도를 가지고 있는 여러 Mobile을 대상으로 동시 수행을 지원하는데 Main Mobile 기기를 대상으로 Action을 하게 되면 연결되어 있는 나머지 Mobile 기기들이 똑같이 수행을 한다. 미러링이라 기능은 이미지 매칭 기술이 필요한데 Mobile 같은 경우는 다중 해상도를 지원해야 하기 때문에 이미지 자동 학습 엔진이 필수로 필요하고 일반 좌표 기반의 기술로는 미러링을 원활하게 사용할 수 없다.

[CheckMATE RPA Mobile 미러링 화면]

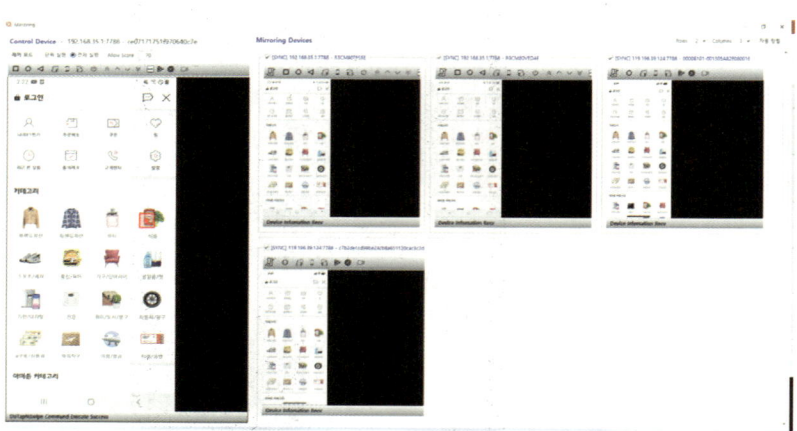

3.7 Virtual Bot Script(Request와 Response)

RPA는 기본적으로 자동으로 마우스가 움직이고 클릭해 가면서 사용자 행동 기반의 자동화를 기본으로 하고 있지만 Virtual Bot Script는 개념이 조금 다르다.

Virtual Bot Script는 전문기반의 Call Base의 업무를 수행하게 되는데 웹 서비스를 생각하면 HTTP 프로토콜로 Request Call을 한다고 보면 된다. 보통 테스트 분야에서 성능 부하 테스트의 개념과 동일하다고 생각하면 된다. 물론 행동 기반의 자동화에 비해 전문 개념을 이해하고 코드를 알아야 하기 때문에 어려울 수 있다. Virtual Bot Script를 생성하는 방법은 간단하다. 레코딩 버튼을 누르고 브라우저에서 행동 기반으로 업무를 하게 되면 Request Call 정보가 스크립트로 자동 생성된다. 그 후 데이터를 수정하고 변경하고 싶을 경우 전문에 대한 정보가 필요할 수 있다.

[CheckMATE Virtual Bot Script 레코딩 화면]

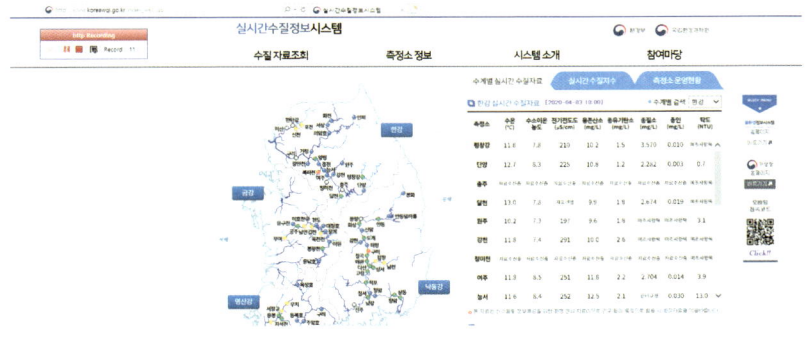

[자동 생성된 Virtual Bot Script의 스크립트]

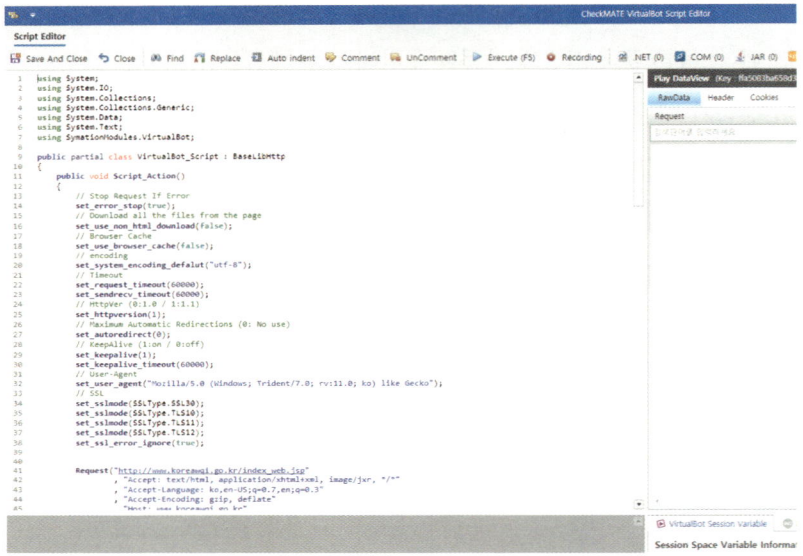

Virtual Bot Script의 장점은 여러 가지가 있다.

첫 번째로는 정확도가 높다. 업무 내 데이터는 전문에 있고 RPA 변수 활용에 있어서도 높은 정확도와 유연성을 보장한다.

두 번째로는 하나의 RPA Bot에 여러 업무를 동시에 수행할 수 있다. 백 그라운드 방식으로 수행되고 독립적인 세션을 유지하기 때문에 하나의 업무만 수행 가능한 행동 기반의 자동화와는 다르게 여러 업무를 동시 수행할 수 있다.

마지막으로는 빠른 속도이다. 행동 기반의 자동화처럼 마우스가 이동하거나 이미지를 체크하거나 하는 행위들이 Call Base로 이루어져 있기 때문에 속도가 빠르며 많이 차이 나는 업무는 약 20배가 넘는 속도 차이를 보인다.

3.8 Single Zone

RPA를 운영하다 보면 여러 가지 운영 케이스들이 존재하는데 하나의 업무가 처리해야 할 대상이 많았을 경우 RPA Bot을 병렬로 수행하는 경우가 많이 있다. 이럴 경우에는 고려해야 할 문제점이 나타나게 되는데 동일한 업무 스크립트이다 보니 동시에 처리하면 오류나 의미 없는 Running Time을 보이는 경우가 있다.

Single Zone이라는 기술은 RPA Server에서 컨트롤을 하여 순차로 처리해야 하는 업무의 구간을 스크립트에 정의하게 되면 해당 구간은 Bot이 여러 개 있어도 순차로 동작하게 된다. 이 기술로 인하여 의미 없는 업무 실패와 분석을 할 필요가 없어진다.

[CheckMATE 스크립트 내 Single Zone 이벤트 설정 화면]

CHECKMATE 기능 활용

※ SingleZone 사용법

SingleZone Enter 이벤트는 중복 처리 방지를 위해 Server에서 SingleZone 구간을 입장하는 이벤트입니다.

SingleZone 이벤트는 사용자가 이벤트의 구간을 지정하여 해당 구간에서는 중복 처리를 방지하도록 순차로 동작합니다.

SingleZone 이벤트를 활용하면 업무의 중복 처리를 막을 수 있으며, 동일 스크립트가 아닌 Alias 명만 같으면 모든 스크립트와 호환이 가능합니다.

SingleZone - Server는 RPA(Robotic Process Automation - Server 버전) 환경에서의 동작을 지원하며,

SingleZone - Local 은 RDA(Robotic Desktop Automation - Server 없는 로컬 버전) 환경에서의 동작을 지원합니다.

1) 기본적으로 Enter를 시작으로 Leave 이벤트로 종료합니다.

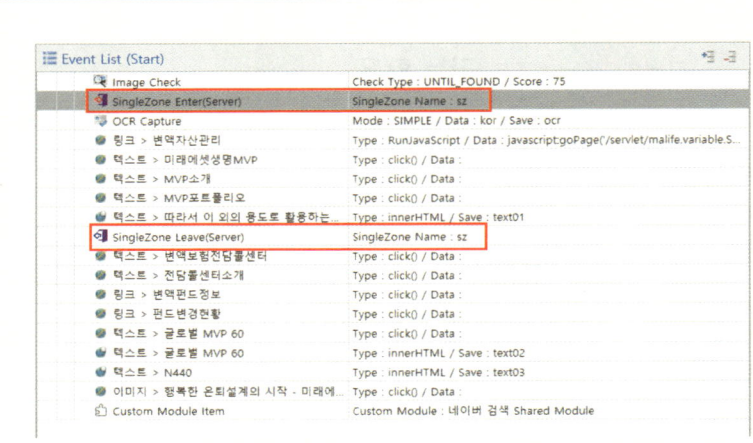

2) Event Properties

- Event Name: 이벤트 이름

- Stop If Error: 에러 발생 시 중지 여부

- Single Zone Name: Single Zone Alias 명(해당명을 동일하게 할 경우 순차 그루핑 적용)

3) Single Zone Enter 이벤트를 수행하면 순차 큐에 등록이 되며 접수 번호에 따라 대기합니다.

Single Zone Enter 이벤트를 보면 얼마나 대기했는지(DURATION) 도 확인할 수 있으며, 순서 정보도 확인이 가능합니다.

3.9 Mail Protocol

자동화 업무에 메일을 발송하거나 수신 메일을 확인, 취득하는 케이스는 많이 존재한다. 메일은 크게 발송하는 SMTP Protocol과 수신을 확인하는 IMAP Protocol과 POP3 Protocol이 있는데 수신 업무 같은 경우 RPA에서는 IMAP Protocol이 적합하다. 왜 POP3 Protocol보다 IMAP Protocol이 RPA에 적합한지 둘의 정의를 보면 알 수 있다.

> **IMAP은 Internet Messaging Access Protocol의 약자로 서버에서 이메일을 읽는 프로토콜**
> **POP3는 Post Office Protocol의 약자로 사용자의 기기로 이메일을 다운로드하여 읽는 프로토콜**

IMAP Protocol은 서버에서 메일을 읽는 방식이기 때문에 RPA Bot에는 파일 등 디스크 용량을 차지하지 않는 반면에 POP3 Protocol은 다운로드하는 방식으로 RPA Bot에 메일 데이터가 저장된다. 수많은 업무를 수행하는 RPA에서는 IMAP Protocol이 적합하다.

[CheckMATE IMAP List 이벤트의 조건 설정 화면]

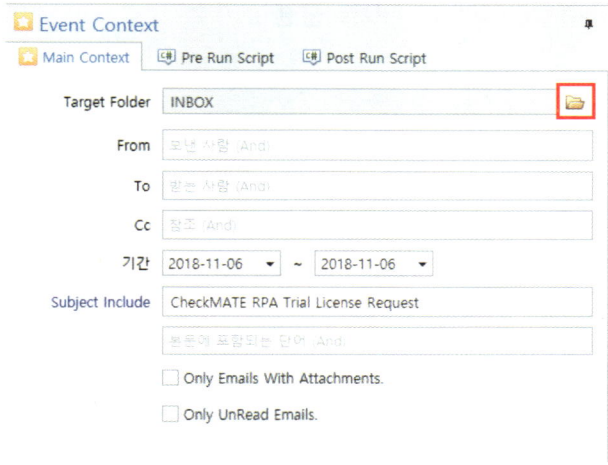

[CheckMATE POP3 List 이벤트의 조건 설정 화면]

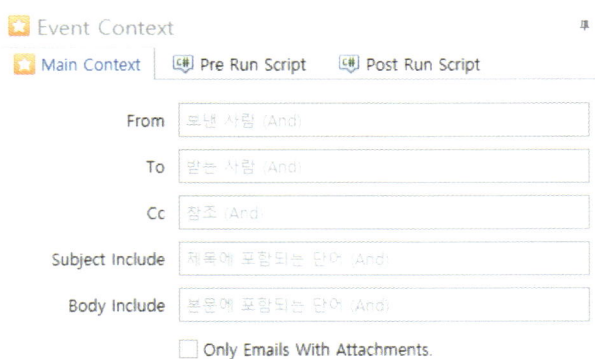

CHECKMATE 기능 활용

※ IMAP Mail List 사용법

IMAP Mail List 이벤트는 IMAP을 통하여 메일 목록 Message ID 값을 가져옵니다. 가져온 Message ID로 IMAP Mail Message 이벤트를 활용할 수 있습니다.

1) 먼저 Properties 세팅을 해서 가져올 메일함을 선택합니다.
* Event Properties
- Event Name: 이벤트 이름
- Stop If Error: 에러 발생 시 중지 여부
- IMAP Server: IMAP 서버 주소
- IMAP Server Port: IMAP 서버 포트
- Use SSL: IMAP 접속 SSL 사용 여부
- IMAP Mail ID (Address): IMAP 계정 아이디
- IMAP Mail Pass: IMAP 계정 암호
- MessageID List Save: IMAP을 통하여 Message ID를 저장할 변수명 지정 (List ⟨string⟩ Type)

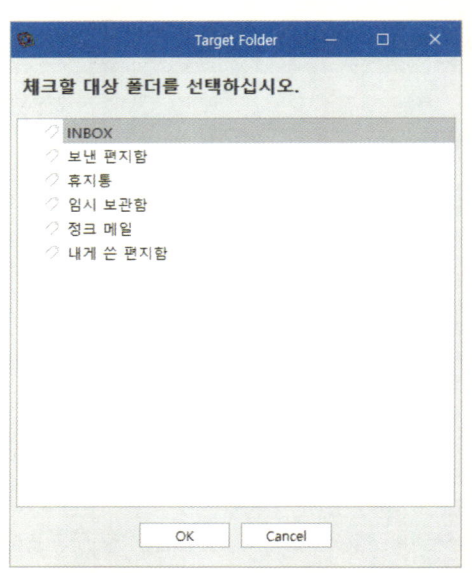

* 실행 결과
- 검색 조건에 맞는 Message ID 값을 가져옵니다.

2) Pre Run Script를 통하여 변수 대입 및 동적인 처리가 가능합니다.

```
Event Context
  Main Context    Pre Run Script    Post Run Script
▶ Execute
1    using System;
2    using System.IO;
3    using System.Collections;
4    using System.Collections.Generic;
5    using System.Data;
6    using System.Text;
7
8    public partial class CustomScript
9    {
10       public void PreRun(EvPPEntry_IMAPMailList EntryData)
11       {
12           EntryData.FilterDateBefore = now_date;
13           EntryData.FilterDateSince = now_date;
14       }
15   }
16
```

CHECKMATE 기능 활용

※ IMAP Mail Messege 사용법

IMAP Mail Message 이벤트는 IMAP Message ID로 메일 상세 정보를 가져옵니다.

1. Message ID로 가져올 메일 상세 정보는 다음과 같습니다.
 - string MailFrom: 발송 메일 주소

- List〈string〉 MailTo: 수신 메일 주소
- List〈string〉 MailCC: 참조 메일 주소
- List〈string〉 MailBCC: 숨은 참조 메일 주소
- string MailSubject: 메일 제목
- bool MailHtmlBody: HTML Body 사용 여부
- string MailBodyPlain: Plain Body 내용
- string MailBodyHtml: HTML Body 내용
- List〈string〉 MailAttachments: 첨부 파일

```
 Event Context                                              ⇅
  Main Context    C# Pre Run Script    C# Post Run Script
▶ Execute
 4   using System.Collections.Generic;
 5   using System.Data;
 6   using System.Text;
 7   using System.Windows.Forms;
 8
 9   public partial class CustomScript
10   {
11       public void EMailMessage_Code(string MailFrom, List<string>
                MailTo, List<string> MailCC, List<string> MailBCC,
                string MailSubject, bool MailHtmlBody, string
                MailBodyPlain, string MailBodyHtml, List<string>
                MailAttachments)
12       {
13           mail_from = MailFrom;
14           mail_subject = MailSubject;
15
16           if (MailBodyPlain.Contains(@" "))
17           {
18               mail_bodyplain = MailBodyPlain.Replace(@" ", "
                    ");
19           }
20           else
21           {
22               mail_bodyplain = MailBodyPlain;
23           }
24
25       }
26   }
27
```

2) Event Properties

- Event Name: 이벤트 이름

- Stop If Error: 에러 발생 시 중지 여부

- IMAP Server: IMAP 서버 주소

- IMAP Server Port: IMAP 서버 포트

- Use SSL: IMAP 접속 SSL 사용 여부

- IMAP Mail ID(Address): IMAP 계정 아이디
- IMAP Mail Pass: IMAP 계정 암호
- Target Message ID: 상세 정보를 가져올 Message ID(변수 치환 가능: 예 - {message_id})
- Attachment Write Folder: 첨부 파일을 다운로드하여 저장할 Local 위치
- Mark as Read: 메일 확인과 동시에 읽음 처리 여부
- Delete Message: 메일 확인 후 메일 삭제 여부

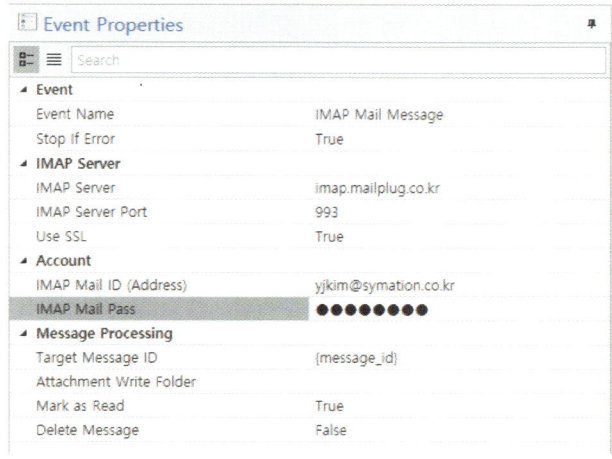

* 실행 결과

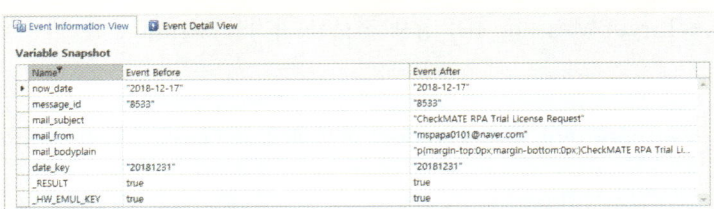

CHECKMATE 기능 활용

※ SMTP Mail Send

SMTP Mail Send 이벤트는 SMTP를 통하여 메일을 발송합니다.

1) Editor 버튼으로 메일 내용을 편집할 수 있습니다. CheckMATE 내부 변수로도 치환이 가능합니다. (변수 치환은 { } 로 사용하며 string 변수여야 함)

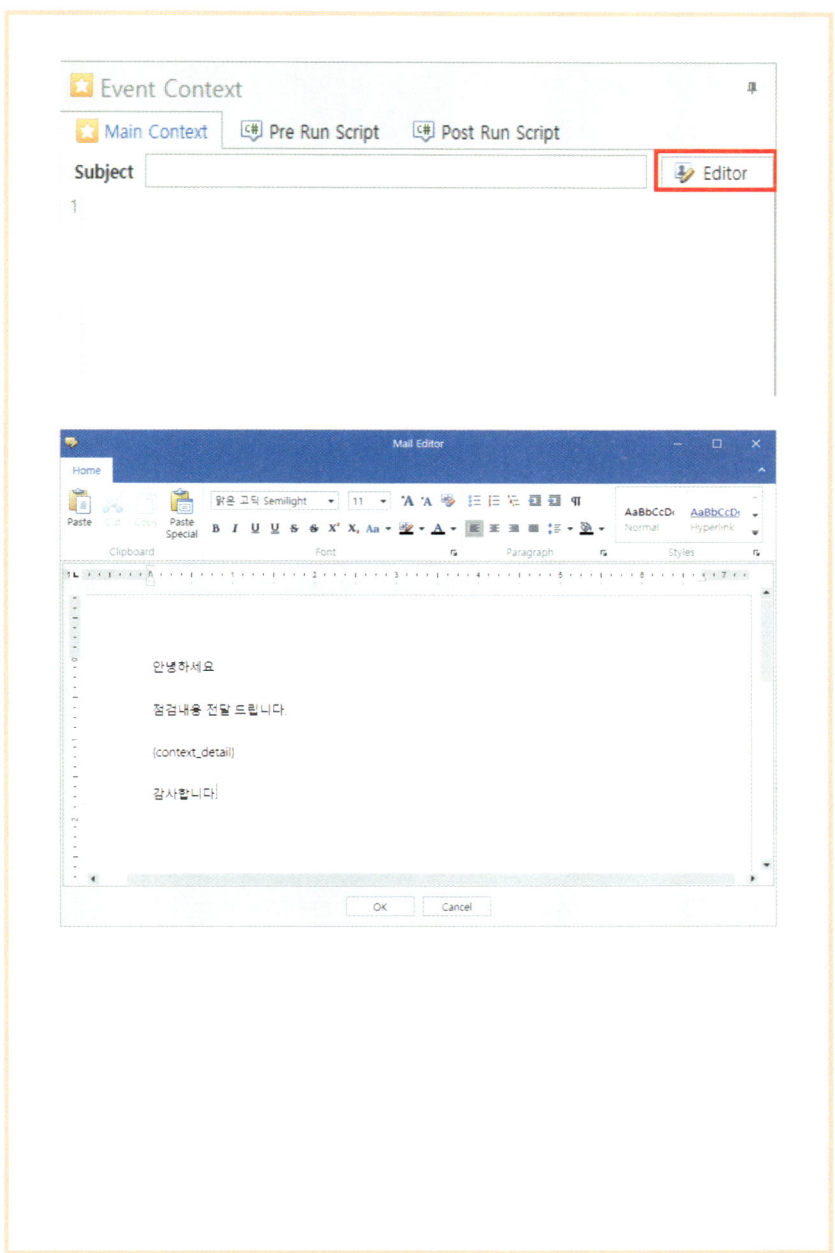

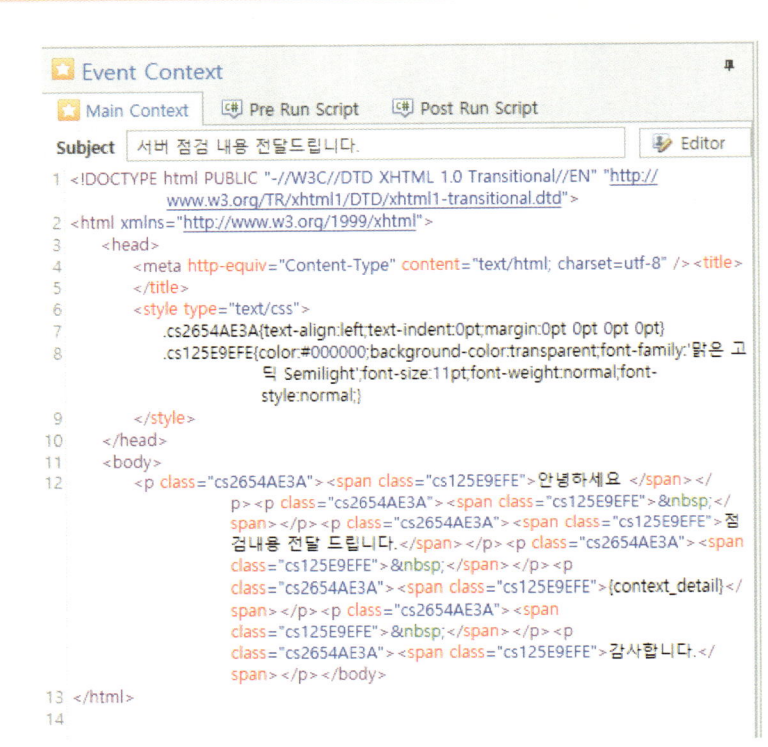

2) Event Properties

- Event Name: 이벤트 이름

- Stop If Error: 에러 발생 시 중지 여부

- SMTP Server: SMTP 서버 주소

- SMTP Server Port: SMTP 서버 포트

- Secure socket option: 암호화 통신 옵션

- Ssl Protocols: SSL 프로토콜 종류

- SMTP Mail ID(Address): SMTP 인증 계정 아이디
- SMTP Mail Pass: SMTP 인증 계정 암호
- From Mail Address: 발송 계정 주소
- From Mail Display: 발송 디스플레이
- To Mail Address: 수신 메일 주소
- Cc Mail Address: 참조 메일 주소
- Bcc Mail Address: 숨은 참조 메일 주소
- Is Html Body: HTML 형식 Body 사용 여부
- File Attachments: 첨부 파일명(변수 치환 가능: 예 - {file_name})

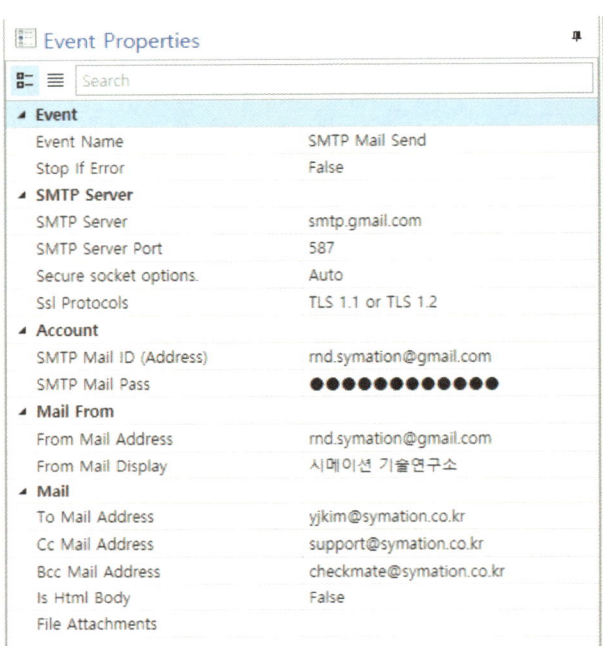

3) Pre Run Script를 통하여 변수 대입 및 동적인 처리가 가능합니다.

```
Event Context
  Main Context    Pre Run Script    Post Run Script
▶ Execute
 1  using System;
 2  using System.IO;
 3  using System.Collections;
 4  using System.Collections.Generic;
 5  using System.Data;
 6  using System.Text;
 7
 8  public partial class CustomScript
 9  {
10      public void PreRun(EvPPEntry_MailSend EntryData)
11      {
12
13          //EntryData.ToMailAddress = "yjkim@symation.co.kr";
14          EntryData.ToMailAddress = mail_from;
15          //date_key = "20181101";
16          date_key = date_key;
17
18      }
19  }
20
```

3.10 FTP Protocol

FTP 프로토콜은 파일 전송을 위한 TCP/IP 기반의 프로토콜로, 서버와 클라이언트 간 파일 전송을 지원한다. 최초의 FTP 클라이언트 애플리케이션은 명령 줄 기반의 프로그램으로 개발되었으며, 현재는 그래픽 사용자 인터페이스를 갖춘 FTP 클라이언트들이 주로 사용된다. 또한 FTP는 웹 페이지 편집기 등 생산성 응용 프로그램들에도 통합되어 사용되고 있다.

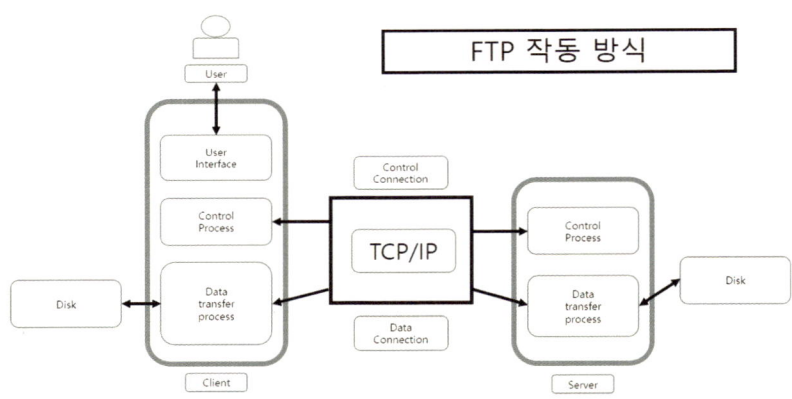

클라이언트는 서버의 21번 포트(기본 포트)를 사용하여 제어 포트에 연결한다. 이 연결은 명령 연결(Command Connection)이라고도 하며, 사용자 인증과 명령 전송이 이루어진다. 클라이언트는 여기를 통해 서버에게 원하는 파일 전송 작업을 명령으로 전달한다. 파일 전송이 필요한 경우, 새로운 데이터 연결(Data Transfer Connection)이 만들어진다. 이 데이터 연결은 클라이언트와 서버 간의 실제 파일 데이터를 전송하는 데 사용된다.

FTP는 두 가지 연결 모드를 지원한다. 첫 번째는 능동 모드(액티브 모드)로, 클라이언트가 데이터를 전송하기 위해 서버의 20번 포트로 연결을 요청한다. 이후 서버는 클라이언트가 지정한 포트로 데이터 연결을 생성한다. 그러나 클라이언트가 방화벽이나 NAT(IP 마스킹)과 같은 보안 기능을 사용하는 환경에서는 문제가 발생할 수 있다.

두 번째는 수동 모드(패시브 모드)로, 클라이언트가 데이터를 전송하기 위해 서버가 지정한 포트로 연결을 요청한다. 이때 서버는 해당 포트를 열어 둠으로써 클라이언트가 연결할 수 있게 한다. 일반적으로 양쪽 포트 모두 1023보다 큰 포트를 사용한다.

이렇게 FTP는 명령 연결과 데이터 연결 두 가지를 조합하여 파일 전송을 수행하며, 클라이언트와 서버 간의 상호 작용을 통해 파일을 업로드하거나 다운로드한다.

그러나 FTP는 보안 프로토콜로 설계되지 않았기 때문에 많은 보안 취약점이 존재한다. 예를 들어 무차별 대입 공격, FTP 바운스 어택, 패킷 가로채기, 포트 훔치기, 스푸핑 공격, 사용자 이름 열거 등이 있습니다. 따라서 FTP를 사용할 때에는 사용자 인증을 위한 암호화된 절차를 사용하거나, 다른 보안 방법을 고려하여 파일 전송을 보다 안전하게 수행해야 한다. 그에 따라서 CheckMATE에서는 SSL(Secure Sockets Layer), TLS(Transport Layer Security), SFTP(SSH File Transfer Protocol) 등등 추가적인 보안 방식을 제공한다.

CheckMATE RPA에서는 FTP 프로토콜 기능은 중요한 기능 중 하나로, 파일 전송을 자동화하는 데 사용하게 된다. CheckMATE RPA FTP

기능을 활용하여 다음과 같은 작업을 자동화할 수 있다.

첫 번째 로컬 시스템에서 서버로 파일을 업로드할 수 있어서 일정한 주기로 생성된 데이터 파일을 서버로 전송하는 작업을 자동화할 수 있다. 두 번째 로컬 시스템으로 파일을 다운로드할 수 있어서 웹 사이트에서 생성된 리포트를 자동으로 다운로드하는 작업을 수행할 수 있다. 세 번째 디렉토리 및 파일 생성 작업을 자동화할 수 있다. 네 번째 서버 간에 파일을 이동하는 작업을 자동화할 수 있어 저장된 파일을 B 서버로 자동으로 이동하는 작업을 수행할 수 있다. 다섯 번째 더 이상 필요하지 않은 파일을 자동으로 삭제하는 작업을 수행할 수 있어서 특정 기간 이후의 로그 파일을 정기적으로 삭제하는 작업을 자동화할 수 있다.

🟧 CHECKMATE 기능 활용

※ FTP Control 사용법

1) FTP Connect

FTP Connect 이벤트는 FTP 서버에 연결합니다.

- 먼저 Properties 세팅을 해서 FTP 서버 설정을 합니다.

2) Event Properties
- Event Name: 이벤트 이름
- Stop If Error: 에러 발생 시 중지 여부
- FTP Server: FTP 서버 주소
- FTP Server Port: FTP 서버 포트
- Secure Mode: 보안 접속 모드(Plain/ SSL/ TLS/ SFTP)
- Encoding: 인코딩 종류
- FTP ID: FTP 서버 접속 아이디
- FTP Pass: FTP 서버 접속 암호
- Connection Save ID: FTP 서버 접속 Alias ID

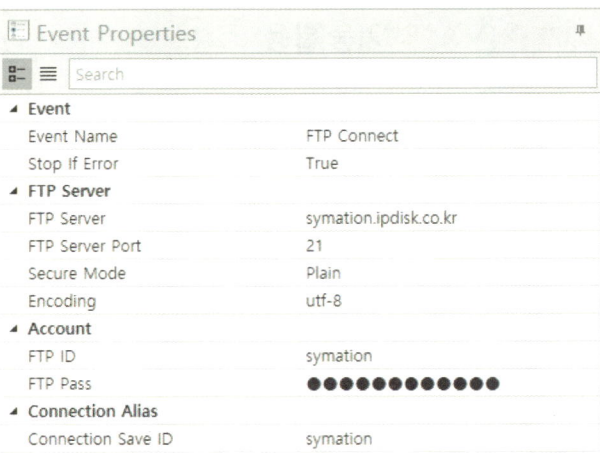

[참고 사항]

- FTP ID는 Alias로써 여러 FTP 서버를 열 때도 Alias 명으로 설정하시면 됩니다.

CHECKMATE 기능 활용

※ FTP GetList 사용법

FTP GetList 이벤트는 FTP 서버 대상 Path 위치에 목록을 저장합니다.

1) 먼저 Properties 세팅을 해서 FTP 서버 설정을 합니다.

* Event Properties

- Event Name: 이벤트 이름
- Stop If Error: 에러 발생 시 중지 여부
- Connection Save ID: FTP 서버 접속 Alias ID
- Directory Path: 목록을 저장할 디렉토리 위치
- Result Save: 목록을 저장할 변수명 지정(List⟨RemoteFileListItem⟩ Type)

[참고 사항]
- FTP ID는 Alias로써 여러 FTP 서버를 열 때도 Alias 명으로 설정하시면 됩니다.

CHECKMATE 기능 활용

※ FTP Download File 사용법

FTP Download File 이벤트는 FTP 서버 대상 파일을 다운로드하여 저장합니다.

1) 먼저 Properties 세팅을 해서 FTP 서버 설정을 합니다.
* Event Properties
- Event Name: 이벤트 이름
- Stop If Error: 에러 발생 시 중지 여부
- Connection Save ID: FTP 서버 접속 Alias ID
- FTP File Path: 다운로드할 파일 위치
- Local File Path: 다운로드한 파일을 저장할 파일 위치(설정값에 경로 없이 파일 이름 입력 시 설정되는 기본값('C:\CheckMATE\RPA\ControlManager'))

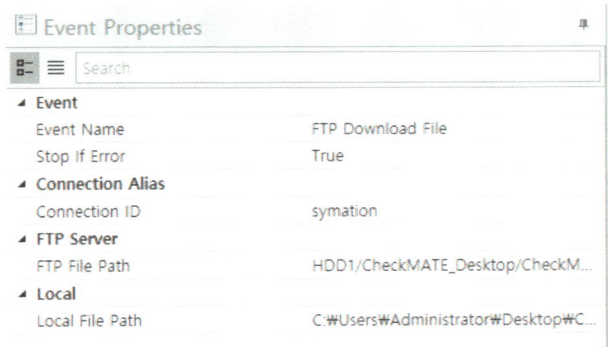

[참고 사항]
- FTP ID는 Alias로써 여러 FTP 서버를 열 때도 Alias 명으로 설정하시면 됩니다.

CHECKMATE 기능 활용

※ FTP Upload File 사용법

FTP Upload File 이벤트는 Local 파일을 FTP 서버로 업로드합니다.

1) 먼저 Properties 세팅을 해서 FTP 서버 설정을 합니다.

* Event Properties

- Event Name: 이벤트 이름

- Stop If Error: 에러 발생 시 중지 여부

- Connection Save ID: FTP 서버 접속 Alias ID

- Local File Path: 업로드할 파일 위치

- FTP File Path: FTP 서버 내 업로드 파일 위치

- Retry Count: 재시도 횟수

- If the file exists: 동일 파일이 있을 경우 설정(No Check/ Skip/ Overwrite/ Append)

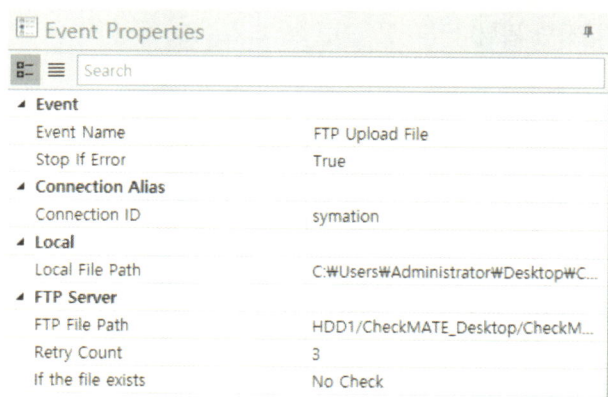

[참고 사항]

- FTP ID는 Alias로써 여러 FTP 서버를 열 때도 Alias 명으로 설

정하시면 됩니다.

CHECKMATE 기능 활용

※ FTP Rename 사용법

FTP Rename 이벤트는 FTP 서버 내 디렉토리 및 파일의 이름을 변경합니다.

1) 먼저 Properties 세팅을 해서 FTP 서버 설정을 합니다.
* Event Properties
 - Event Name: 이벤트 이름
 - Stop If Error: 에러 발생 시 중지 여부
 - Connection Save ID: FTP 서버 접속 Alias ID
 - Source Path: 이름 변경할 Source 위치
 - Destination Path: 이름 변경할 Destination 위치

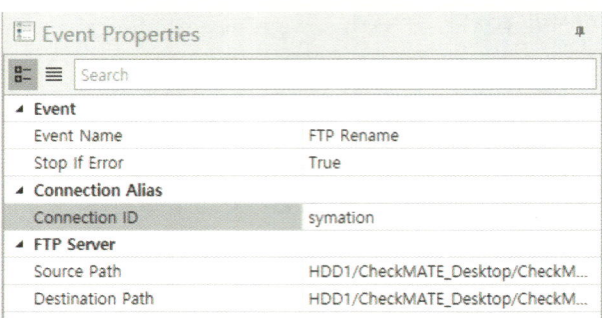

[참고 사항]
- FTP ID는 Alias로써 여러 FTP 서버를 열 때도 Alias 명으로 설정하시면 됩니다.

CHECKMATE 기능 활용

※ FTP Delete 사용법

FTP Delete 이벤트는 FTP 서버 내 디렉토리 및 파일을 삭제합니다.

1) 먼저 Properties 세팅을 해서 FTP 서버 설정을 합니다.
* Event Properties

- Event Name: 이벤트 이름
- Stop If Error: 에러 발생 시 중지 여부
- Connection Save ID: FTP 서버 접속 Alias ID
- Delete Directory or File Path: 삭제할 디렉토리 및 파일 위치

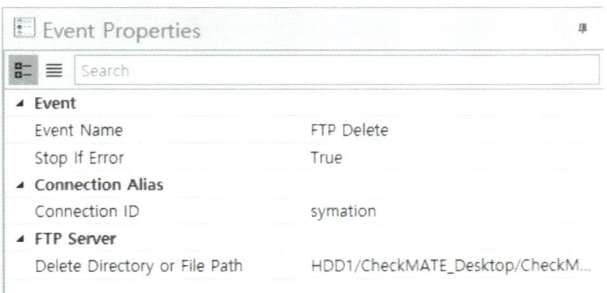

[참고 사항]
- FTP ID는 Alias로써 여러 FTP 서버를 열 때도 Alias 명으로 설정하시면 됩니다.

CHECKMATE 기능 활용

※ FTP Create Directory 사용법

FTP Create Directory 이벤트는 FTP 서버 내 디렉토리를 생성합니다.

1) 먼저 Properties 세팅을 해서 FTP 서버 설정을 합니다.
* Event Properties
- Event Name: 이벤트 이름
- Stop If Error: 에러 발생 시 중지 여부
- Connection Save ID: FTP 서버 접속 Alias ID
- Create Directory Path: 생성할 디렉토리 위치

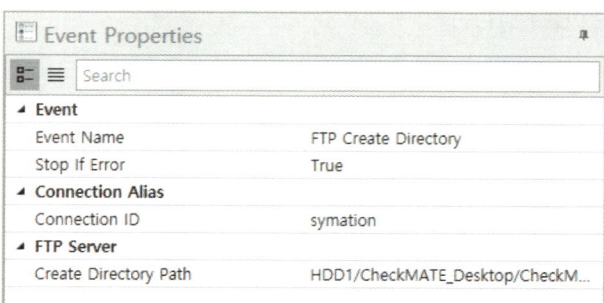

[참고 사항]
- FTP ID는 Alias로써 여러 FTP 서버를 열 때도 Alias 명으로 설정하시면 됩니다.

CHECKMATE 기능 활용

※ FTP Disconnect 사용법

FTP Disconnect 이벤트는 FTP 서버 접속을 종료합니다.

1) 먼저 Properties 세팅을 해서 FTP 서버 설정을 합니다.
* Event Properties
- Event Name: 이벤트 이름
- Stop If Error: 에러 발생 시 중지 여부
- Connection Save ID: FTP 서버 접속 Alias ID

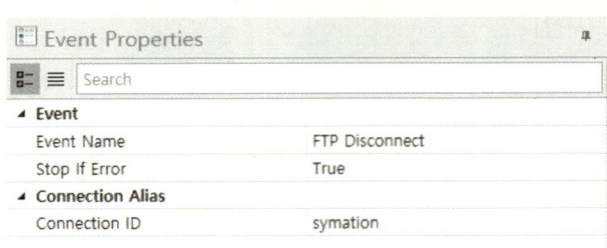

[참고 사항]

- FTP ID는 Alias로써 여러 FTP 서버를 열 때도 Alias 명으로 설정하시면 됩니다.

3.11 Telnet Protocol/ SSH Protocol

Telnet 프로토콜의 특징으로는 Telnet 프로토콜은 TCP/IP 기반의 네트워크 프로토콜로 원격 컴퓨터와 텍스트 기반의 통신을 제공한다. 기본적으로 TCP 23번 포트를 사용하여 통신하고, 클라이언트에서 Telnet 으로 원격 시스템 접속 시에도 동일하게 TCP 23번 포트로 연결하여 접속을 수행한다. 텍스트 기반 프로토콜이기 때문에 문자열과 명령어를 텍스트 형태로 주고받는다. 이로 인해 그래픽 사용자 인터페이스를 지원하지 않고, 터미널 기반의 텍스트 화면으로 통신이 이루어진다.

Telnet 프로토콜을 이용한 RPA는 여러 분야에서 유용하게 활용된다. 예를 들어, 네트워크 장비의 설정 변경이 필요한 경우, RPA 봇은 Telnet 을 통해 장비에 접속하여 설정 변경 명령을 실행할 수 있다. 또는 서버 관리 작업, 데이터 수집, 모니터링 등 다양한 작업들을 자동화하는 데 활용될 수 있다.

CheckMATE RPA에서는 Telnet 프로토콜을 사용하여 원격 시스템에 로그인하고, 텍스트 기반의 명령을 전송하고, 응답을 수신한다. 이를 통해 자동화된 작업이 원격 시스템에서 수행되며, 작업의 자동화와 결과의 반환을 가능케 한다. 실제로 기마다 수백 대의 PC의 보안성 검토 및 결과 추출을 하는 작업을 Telnet 프로토콜을 이용한 RPA 자동화 스크립트를 구성한 사례가 있다.

SSH프로토콜은 TCP/IP 기반의 보안 프로토콜로, 원격 컴퓨터와 안전하게 통신하기 위해 개발된 암호화된 통신 프로토콜이다.

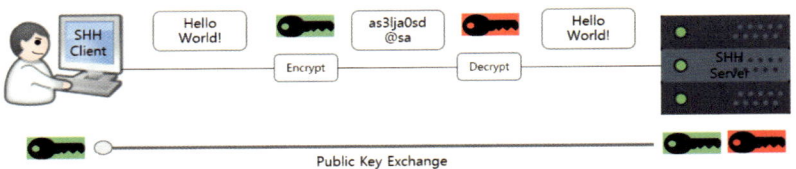

대표적인 특징으로는 첫 번째 데이터를 암호화하여 전송하기 때문에 데이터 도청을 방지하고 정보의 기밀성이 뛰어나다. 두 번째 다양한 인증 방법을 제공하여 비밀번호, 공개 키 인증 등의 방식을 사용하여 사용자의 신원을 확인한다. 세 번째 데이터 무결성을 보장하기에 데이터가 중간에 수정되거나 변조되는 것을 방지하여 데이터 무결성을 유지한다. 네 번째 포트 포워딩 기능을 제공하기에 로컬 포트와 원격 포트를 연결하여 로컬 시스템에서 원격 서버의 서비스를 이용할 수 있다. 유사한 기능으로 원격 접속 또한 사용자가 터미널을 통해 원격 서버를 조작하고 명령어를 실행할 수 있다. 다섯 번째 SCP와 SFTP를 통해 안전한 파일 전송을 제공한다.

CheckMATE RPA에서는 SSH 프로토콜 이벤트를 사용하여 원격 서버와의 안전하고 효율적인 통신을 지원하여, 원격 작업을 자동화하는 데 큰 도움이 된다. 특히 특정 인증이 필요할 경우에도 CheckMATE RPA에서는 'SSH Connect Proxy' 이벤트를 이용하여 접근 가능하다.

CHECKMATE 기능 활용

※ Telnet Connect 사용법

Telnet Connect 이벤트는 Telnet 서버에 연결합니다.

1) 먼저 Properties 세팅을 해서 Telnet 서버 설정을 합니다.
* Event Properties
- Event Name: 이벤트 이름
- Stop If Error: 에러 발생 시 중지 여부
- Telnet Server: Telnet 서버 주소
- Telnet Server Port: Telnet 서버 포트
- Encoding: 인코딩 종류
- Keep-Alive Time: 연결 유지 시간(ms)
- Telnet ID: Telnet 서버 접속 아이디
- Telnet Pass: Telnet 서버 접속 암호
- Connection Save ID: Telnet 서버 접속 Alias ID

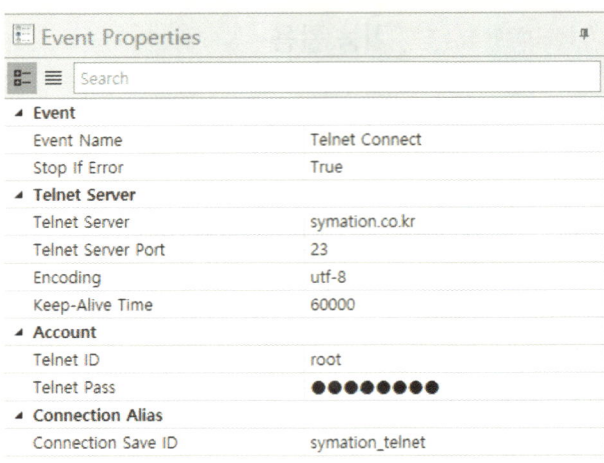

[참고 사항]

- Telnet ID는 Alias로써 여러 Telnet 서버를 열 때도 Alias 명으로 설정하시면 됩니다.

CHECKMATE 기능 활용

※ Telnet Command 사용법

Telnet Command 이벤트는 Telnet 서버에 명령어를 실행하여 결과를 저장합니다.

1) 먼저 Properties 세팅을 해서 Telnet 서버 설정을 합니다.

* Event Properties

- Event Name: 이벤트 이름

- Stop If Error: 에러 발생 시 중지 여부

- Connection Save ID: Telnet 서버 접속 Alias ID

- Command: 실행할 명령어

- Timeout: 대기 시간 설정(ms)

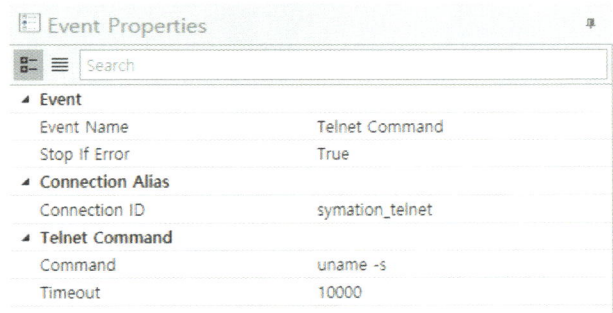

2) Main Context를 통하여 명령어 결과를 처리할 수 있습니다.

```
Event Context
  Main Context
▶ Execute
1    using System;
2    using System.IO;
3    using System.Collections;
4    using System.Collections.Generic;
5    using System.Data;
6    using System.Text;
7
8    public partial class CustomScript
9    {
10       public void Command_Script(string CommandOutput)
11       {
12           PrintLog(CommandOutput);
13       }
14   }
15
```

[참고 사항]

- Telnet ID는 Alias로써 여러 Telnet 서버를 열 때도 Alias 명으로 설정하시면 됩니다.

CHECKMATE 기능 활용

※ Telnet Disconnect 사용법

Telnet Disconnect 이벤트는 Telnet 서버 연결을 종료합니다.

1) 먼저 Properties 세팅을 해서 Telnet 서버 설정을 합니다.

* Event Properties

- Event Name: 이벤트 이름

- Stop If Error: 에러 발생 시 중지 여부

- Connection Save ID: Telnet 서버 접속 Alias ID

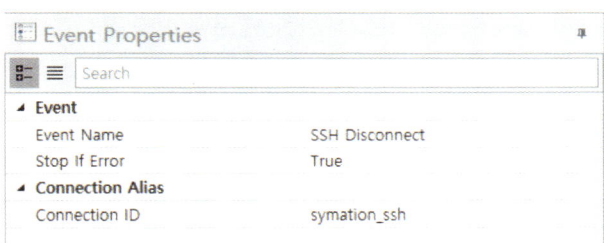

[참고 사항]

- Telnet ID는 Alias로써 여러 Telnet 서버를 열 때도 Alias 명으로 설정하시면 됩니다.

CHECKMATE 기능 활용

※ SSH Connect 사용법

SSH Connect 이벤트는 SSH 서버에 연결합니다.

1) 먼저 Properties 세팅을 해서 SSH 서버 설정을 합니다.
* Event Properties
- Event Name: 이벤트 이름
- Stop If Error: 에러 발생 시 중지 여부
- SSH Server: SSH 서버 주소
- SSH Server Port: SSH 서버 포트
- Encoding: 인코딩 종류
- Keep-Alive Time: 연결 유지 시간(ms)
- SSH ID: SSH 서버 접속 아이디
- SSH Pass: SSH 서버 접속 암호
- Connection Save ID: SSH 서버 접속 Alias ID

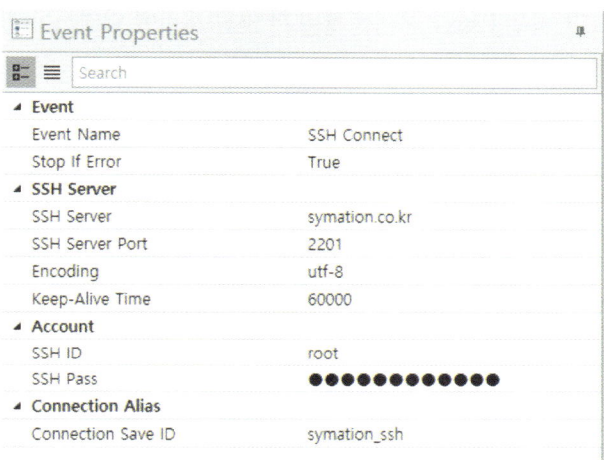

[참고 사항]

- SSH ID는 Alias로써 여러 SSH 서버를 열 때도 Alias 명으로 설정하시면 됩니다.

CHECKMATE 기능 활용

※ SSH Connect Proxy 사용법

SSH Connect Proxy 이벤트는 보안으로 인해 별도의 인증 절차가 필요한 경우 Proxy 서버를 통해서 SSH 서버에 연결해야 할 경우 사용됩니다.

1) 먼저 Properties 세팅을 해서 SSH 서버 설정을 합니다.
* Event Properties
- Event Name: 이벤트 이름
- Stop If Error: 에러 발생 시 중지 여부
- SSH Server: SSH 서버 주소
- SSH Server Port: SSH 서버 포트
- Encoding: 인코딩 종류
- Keep-Alive Time: 연결 유지 시간(ms)
- Proxy Type: Proxy 인증 타입(No proxy server/A SOCKS4 proxy server/A SOCKS5 proxy server/A HTTP proxy server)
- Proxy Host: Proxy 호스트
- Proxy Port: Proxy 포트
- Proxy Username: Proxy 사용자 이름
- Proxy Password: Proxy 비밀번호
- SSH ID: SSH 서버 접속 아이디
- SSH Pass: SSH 서버 접속 암호
- Connection Save ID: SSH 서버 접속 Alias ID

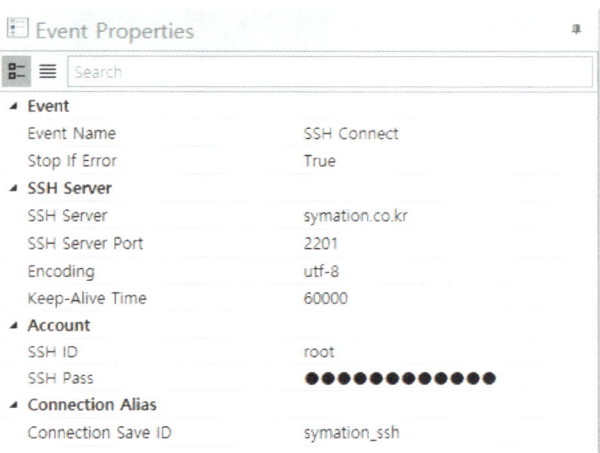

[참고 사항]

- SSH ID는 Alias로써 여러 SSH 서버를 열 때도 Alias 명으로 설정하시면 됩니다.

CHECKMATE 기능 활용

※ SSH Command 사용법

SSH Command 이벤트는 SSH 서버에 명령어를 실행하여 결과를 저장합니다.

1) 먼저 Properties 세팅을 해서 SSH 서버 설정을 합니다.

* Event Properties

- Event Name: 이벤트 이름

- Stop If Error: 에러 발생 시 중지 여부

- Connection Save ID: SSH 서버 접속 Alias ID

- Command: 실행할 명령어

- Timeout: 대기 시간 설정(ms)

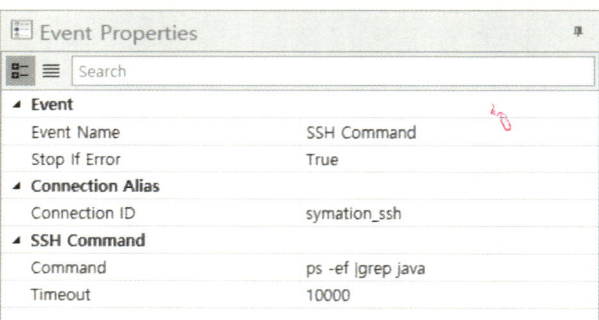

2) Main Context를 통하여 명령어 결과를 처리할 수 있습니다.

```
 Event Context
  Main Context
▶ Execute
 1  using System;
 2  using System.IO;
 3  using System.Collections;
 4  using System.Collections.Generic;
 5  using System.Data;
 6  using System.Text;
 7
 8  public partial class CustomScript
 9  {
10      public void Command_Script(string CommandOutput)
11      {
12          PrintLog(CommandOutput);
13      }
14  }
15
```

[참고 사항]

- SSH ID는 Alias로써 여러 SSH 서버를 열 때도 Alias 명으로 설정하시면 됩니다.

CHECKMATE 기능 활용

※ SSH Disconnect 사용법

SSH Disconnect 이벤트는 SSH 서버 연결을 종료합니다.

1) 먼저 Properties 세팅을 해서 SSH 서버 설정을 합니다.

* Event Properties

- Event Name: 이벤트 이름

- Stop If Error: 에러 발생 시 중지 여부

- Connection Save ID: SSH 서버 접속 Alias ID

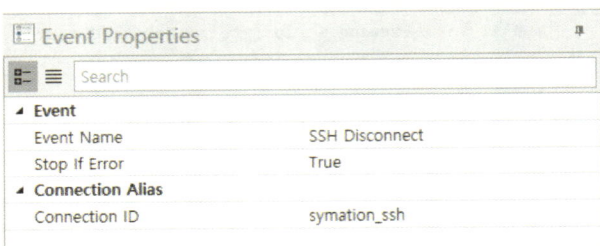

[참고 사항]

- SSH ID는 Alias로써 여러 SSH 서버를 열 때도 Alias 명으로 설정하시면 됩니다.

3.12 Excel 자동화

RPA를 이용하여 Excel 작업을 자동화하는 방법은 매우 효과적이고 널리 사용되는 분야 중 하나이다. Excel은 데이터 처리, 분석 및 보고서 작성 등에 자주 사용되는 도구이며, RPA를 활용하면 여러 작업들을 자동으로 수행할 수 있다. 다양한 업무 영역에서 시간과 비용을 절감하고 인간의 실수 가능성을 줄여 생산성을 높이는 데 도움이 된다.

RPA Excel이 등장하기 전에는 Excel과 관련된 작업들을 자동화하기 위해 엑셀에 내장되어 있는 기능 중 하나인 매크로를 사용하였다. Excel 매크로는 VBA(Visual Basic for Applications)라는 프로그래밍 언어를 사용하여 Excel 내에서 작동한다. VBA를 사용하여 Excel의 기능을 자동화하고, 사용자 정의 함수를 만들어 매크로를 개발할 수 있었지만 VBA 프로그래밍 지식이 필요하기 때문에 프로그래밍 경험이 있는 개발자 또는 엑셀과 VBA에 익숙한 사용자만이 매크로를 사용할 수 있었다.

또한 Excel 매크로는 주로 Excel 내에서만 동작하며 다른 소프트웨어와의 데이터 통합이 제한적이고 Excel 데이터와 기능에 관련된 작업에만 수행이 가능하다는 불편함이 있었지만 RPA Excel이 등장함으로써 다양한 소프트웨어 및 애플리케이션과 통합할 수 있게 되었고 VBA 프로그래밍 지식 없이도 RPA Excel로 비전문가도 쉽게 사용할 수 있도록 설계되었다. 대부분의 RPA 도구는 Excel뿐만 아니라 비즈니스 사용자가 GUI 기반으로 자동화 업무를 수행할 수 있으며, 복잡한 업무들도 비교적으로 간단하게 자동화할 수 있게 되었다.

이제 RPA Excel 도구들은 비전문가들도 쉽게 자동화 솔루션을 설계하고 구축할 수 있도록 도와줌으로써 기업 내에서 더 많은 인력들이 자동화 프로젝트에 참여할 수 있게 하며, 업무 효율성을 한층 높여 준다.

물론, 기업 데이터의 보안은 항상 우려 사항이다. CheckMATE RPA의 도구들은 강화된 보안 기능과 암호화 기술을 적용하여 데이터 보호를 강화하고, 규정 준수를 지원한다. 이로 인해 기업들은 안정성과 신뢰성을 높여 자동화를 더욱 안전하게 운영할 수 있다.

RPA Excel은 기업들에게 큰 도움이 되고 있으며 높은 생산성과 효율성을 이끌어내는 이러한 발전은 앞으로도 지속될 것으로 기대할 수 있고 기술의 진보와 새로운 요구 사항에 따라 RPA Excel은 더욱 발전하고 다양한 분야에서 활용될 수 있을 것으로 보인다.

Microsoft Excel
CHECKMATE 기능 활용

※ Excel Open 사용법

Excel Open 이벤트는 엑셀 파일을 엽니다.

1) 먼저 Properties 세팅을 해서 엑셀 파일 설정을 합니다.
* Event Properties
- Event Name: 이벤트 이름
- Excel ID: 엑셀 ID 값
- Excel File: 엑셀 파일명(설정값에 경로 없이 파일 이름 입력 시 설정되는 기본값('C:\CheckMATE\RPA\ControlManager'))
- Password: 엑셀 파일 비밀번호(없을 경우 공백)
- Visible: 엑셀 파일 열 때 Visible 여부

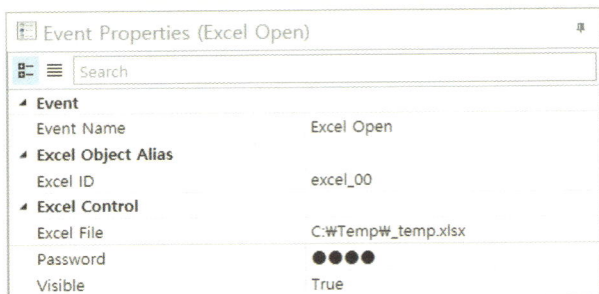

2) Pre Run Script를 통하여 변수 대입 및 동적인 처리가 가능합니다.

```
Event Context
Pre Run Script    Post Run Script
▶ Execute
1   using System;
2   using System.IO;
3   using System.Collections;
4   using System.Collections.Generic;
5   using System.Data;
6   using System.Text;
7
8   public partial class CustomScript
9   {
10      public void PreRun(EvPPEntry_ExcelOpen EntryData)
11      {
12          EntryData.ExcelFile = @"C:\Temp\_temp.xlsx";
13      }
14  }
15
```

[참고 사항]
- 엑셀 ID는 Alias로써 여러 엑셀 파일을 열 때도 Alias 명으로 설정하시면 됩니다.

CHECKMATE 기능 활용

※ Excel Close 사용법

Excel Close 이벤트는 엑셀 파일을 닫습니다.

1) 먼저 Properties 세팅을 해서 엑셀 파일 설정을 합니다.
* Event Properties
- Event Name: 이벤트 이름
- Excel ID: 엑셀 ID 값

[참고 사항]
- 엑셀 ID는 Alias로써 여러 엑셀 파일을 열 때도 Alias 명으로 설정하면 됩니다.

CHECKMATE 기능 활용

※ Excel Save 사용법

Excel Save 이벤트는 엑셀 파일을 저장합니다.

1) 먼저 Properties 세팅을 해서 엑셀 파일 설정을 합니다.
* Event Properties
- Event Name: 이벤트 이름
- Excel ID: 엑셀 ID 값
- Excel Save File: 저장할 엑셀 파일명(설정값에 경로 없이 파일 이름 입력 시 설정되는 경로('사용자\문서\'))
- Password: 엑셀 파일 비밀번호(없을 경우 공백)

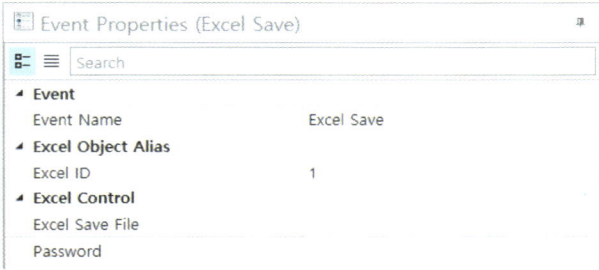

[참고 사항]
- 엑셀 ID는 Alias로써 여러 엑셀 파일을 열 때도 Alias 명으로 설정하면 됩니다.

CHECKMATE 기능 활용

※ Excel Get/Set OneCell Data 사용법

Excel Get/Set OneCell Data 이벤트는 엑셀 내용 중 하나의 셀 값을 저장/입력합니다.

1) 먼저 Properties 세팅을 해서 엑셀 파일 설정을 합니다.
* Event Properties
- Event Name: 이벤트 이름

- Excel ID: 엑셀 ID 값
- Excel One Cell Address(ex: A1): 값을 저장할 셀명
- Result Save: 셀 값을 저장할 변수명 지정(string Type)

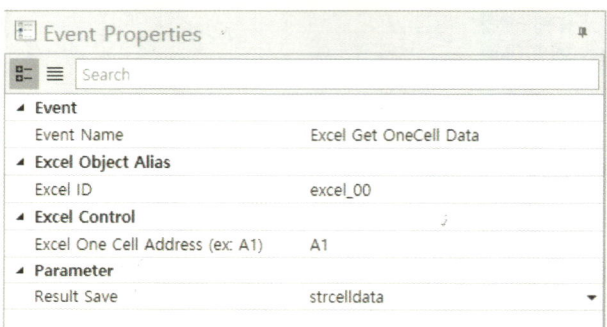

2) Pre Run Script를 통하여 변수 대입 및 동적인 처리가 가능합니다.

```
Event Context
 Pre Run Script    Post Run Script
▶ Execute
1    using System;
2    using System.IO;
3    using System.Collections;
4    using System.Collections.Generic;
5    using System.Data;
6    using System.Text;
7
8    public partial class CustomScript
9    {
10       public void PreRun(EvPPEntry_ExcelGetOneCell
                 EntryData)
11       {
12           for (int i = 0; i < this.lstFind.Count; i++)
13           {
14               if (this.lstFind[i].Substring(0, 1) == "D")
15               {
16                   EntryData.OneCellAddress = lstFind [i];
17                   break;
18               }
19           }
20       }
21    }
22
```

[참고 사항]

- 엑셀 ID는 Alias로써 여러 엑셀 파일을 열 때도 Alias 명으로 설정하면 됩니다.

CHECKMATE 기능 활용

※ Excel Get/Set Range Data 사용법

Excel Get/Set Range Data 이벤트는 엑셀 내용 중 범위 셀 값을 저장/입력합니다.

1) 먼저 Properties 세팅을 해서 엑셀 파일 설정을 합니다.

* Event Properties

- Event Name: 이벤트 이름 0
- Excel ID: 엑셀 ID 값
- Excel Range Cell Address(ex: A1:E6): 범위값을 저장할 범위 셀명
- Result Save: 범위 셀 값을 저장할 변수명 지정(DataTable Type)

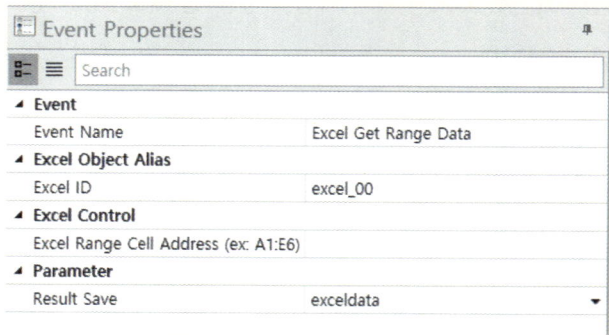

2) Pre Run Script를 통하여 변수 대입 및 동적인 처리가 가능합니다.

```
Event Context
 Pre Run Script    Post Run Script
▶ Execute
1   using System;
2   using System.IO;
3   using System.Collections;
4   using System.Collections.Generic;
5   using System.Data;
6   using System.Text;
7
8   public partial class CustomScript
9   {
10      public void PreRun(EvPPEntry_ExcelGetRangeCell
                EntryData)
11      {
12          EntryData.RangeCellAddress = "A3:F7";
13      }
14  }
15
```

CMCellExpress Excel
 기능 활용

CMCeLLExpress Excel은 CheckMATE 내 포함되어 있는 내장 엑셀로 Microsoft Excel을 설치하지 않아도 CMCellExpress Excel Components 자동화할 수 있습니다.

CHECKMATE 기능 활용

※ Excel File Open 사용법

Excel Open 이벤트는 엑셀 파일을 엽니다.

1) 먼저 Properties 세팅을 해서 엑셀 파일 설정을 합니다.
* Event Properties
- Event Name: 이벤트 이름
- App Type: 실행 프로그램 타입
- Excel ID: 엑셀 ID 값
- Excel File: 엑셀 파일명(설정값에 경로 없이 파일 이름 입력 시 설정되는 기본값('C:\CheckMATE\RPA\ControlManager'))
- Password: 엑셀 파일 비밀번호
- Visible : 엑셀 파일 열 때 Visible 여부

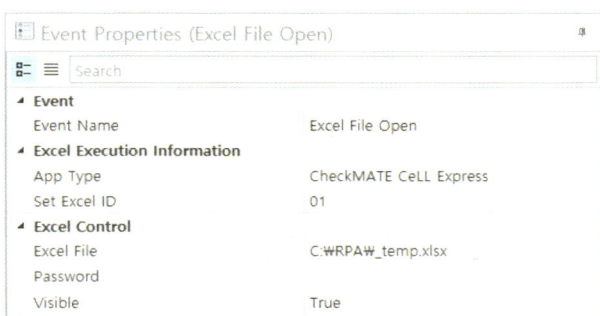

2) Pre Run Script를 통하여 변수 대입 및 동적인 처리가 가능합니다.

```csharp
using System;
using System.IO;
using System.Collections;
using System.Collections.Generic;
using System.Data;
using System.Text;

public partial class CustomScript
{
    public void PreRun(EvPPEntry_CeLL_FileOpen EntryData)
    {
        EntryData.ExcelFile = @"C:\RPA\_temp.xlsx";
    }
}
```

[참고 사항]
- 엑셀 ID는 Alias로써 여러 엑셀 파일을 열 때도 Alias 명으로 설정하시면 됩니다.

CHECKMATE 기능 활용

※ Excel File Save 사용법

Excel Save 이벤트는 엑셀 파일을 저장합니다.

1) Excel File Open 이벤트로 엑셀 파일을 실행합니다.
2) Excel File Save이벤트에서 Properties 세팅을 합니다.
① Event Properties
- Event Name: 이벤트 이름
- Excel ID: 엑셀 ID 값
- Excel Save File: 저장할 엑셀 파일명(설정값에 경로 없이 파일 이름 입력 시 설정되는 경로('사용자\문서\'))
- Password: 엑셀 비밀번호

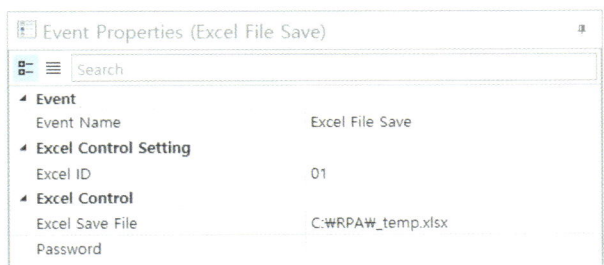

3) Pre Run Script를 통하여 변수 대입 및 동적인 처리가 가능합니다.

```
using System;
using System.IO;
using System.Collections;
using System.Collections.Generic;
using System.Data;
using System.Text;

public partial class CustomScript
{
    public void PreRun(EvPPEntry_CeLL_FileOpen EntryData)
    {
        EntryData.ExcelFile = @"C:\RPA\_temp.xlsx";
    }
}
```

[참고 사항]
- 엑셀 ID는 Alias로써 여러 엑셀 파일을 열 때도 Alias 명으로 설정하면 됩니다.

CHECKMATE 기능 활용

※ Excel File Close 사용법

Excel Close 이벤트는 엑셀 파일을 닫습니다.

1) Excel File Open 이벤트로 엑셀 파일을 실행합니다.
2) Excel Close 이벤트에서 Properties 세팅을 합니다.
Event Properties
- Event Name: 이벤트 이름
- Excel ID: 엑셀 ID 값

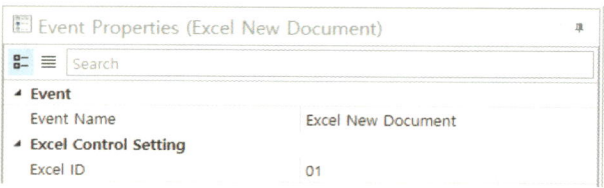

3) Pre Run Script를 통하여 변수 대입 및 동적인 처리가 가능합니다.

```
Event Context
Pre Run Script*    Post Run Script
▶ Execute
1   using System;
2   using System.IO;
3   using System.Collections;
4   using System.Collections.Generic;
5   using System.Data;
6   using System.Text;
7
8   public partial class CustomScript
9   {
10      public void PreRun(EvPPEntry_CeLL_NewDocument EntryData)
11      {
12          EntryData.ExcelID = "01";
13      }
14  }
15
```

[참고 사항]

- 엑셀 ID는 Alias로써 여러 엑셀 파일을 열 때도 Alias 명으로 설정하면 됩니다.

CHECKMATE 기능 활용

※ Excel Get/Set Selection 사용법

Excel Get/Set Selection 이벤트는 영역을 선택 영역을 추출/선택합니다.

1) Excel File Open 이벤트로 엑셀 파일을 실행합니다.

2) Excel Get Selection 이벤트에서 Properties 세팅을 합니다.

* Event Properties

- Event Name: 이벤트 이름

- Excel ID: 엑셀 ID 값

- Range Data Return Type: 범위 데이터 반환 타입 지정

  (Range/Cell Unit)

- Result Save: 엑셀 문서의 정보 목록을 저장할 변수명 지정

  (Hashtable Type)

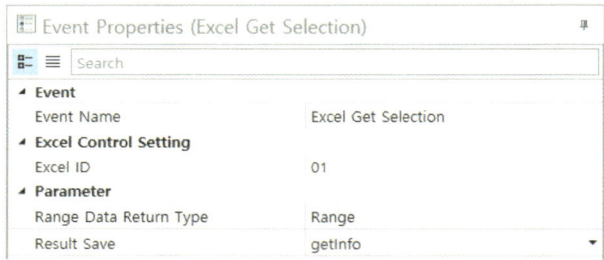

3) Pre Run Script를 통하여 변수 대입 및 동적인 처리가 가능합니다.

```
Event Context
Pre Run Script*     Post Run Script
▶ Execute
1    using System;
2    using System.IO;
3    using System.Collections;
4    using System.Collections.Generic;
5    using System.Data;
6    using System.Text;
7
8    public partial class CustomScript
9    {
10       public void PreRun(EvPPEntry_CeLL_NewDocument EntryData)
11       {
12           EntryData.ExcelID = "01";
13       }
14   }
15
```

[참고 사항]

- 엑셀 ID는 Alias로써 여러 엑셀 파일을 열 때도 Alias 명으로 설정하시면 됩니다.

- Range Data Return Type이 Range일 경우 하단 이미지와 같이 해당 영역의 '시작 셀 위치: 종료 셀 위치'로 노출됩니다.

- Range Data Return Type이 Cell Unit일 경우 하단 이미지와 같이 해당 영역의 셀 위치 데이터가 전부 노출됩니다.

CHECKMATE 기능 활용

※ Excel Get/Set Value 사용법

Excel Get/Set Value 이벤트는 선택된 영역의 데이터를 추출/입력합니다.

1) Excel File Open 이벤트로 엑셀 파일을 실행합니다.
2) Excel Get Value 이벤트에서 Properties 세팅을 합니다.
* Event Properties
- Event Name: 이벤트 이름
- Excel ID: 엑셀 ID 값
- Sheet Name: 엑셀 시트명(설정 값에 미입력 시, 수행 시 활성화된 시트로 진행)
- Range Type: 영역 타입(Cell/AutoFilter/Table/PivotTable)
- Range: 선택 영역

- Save Data Type: 엑셀 문서의 데이터 목록을 저장/입력할 데이터 타입 지정(string Value/Formula/string(CSV format)/Datatable)
- User First Line As Column Names/ Print Datatable Column Names: 데이터 타입 Datatable일 경우 Column Name을 저장/입력하는 기능(True, False)
- Result Save: 엑셀 문서의 데이터 목록을 저장/입력할 변수명 지정

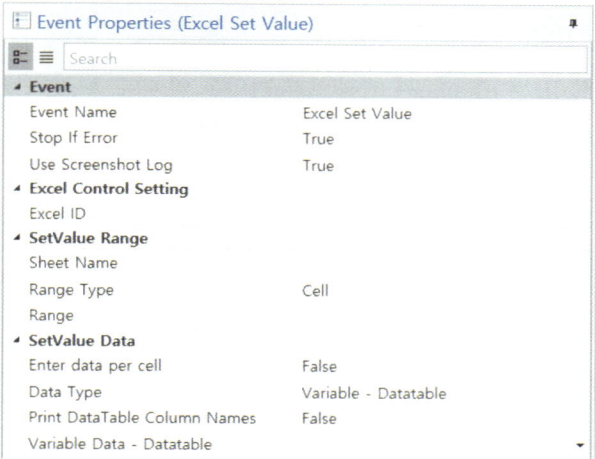

3) Pre Run Script를 통하여 변수 대입 및 동적인 처리가 가능합니다.

```
 Event Context
 Pre Run Script*    Post Run Script
▶ Execute
1   using System;
2   using System.IO;
3   using System.Collections;
4   using System.Collections.Generic;
5   using System.Data;
6   using System.Text;
7
8   public partial class CustomScript
9   {
10      public void PreRun(EvPPEntry_CeLL_NewDocument EntryData)
11      {
12          EntryData.ExcelID = "01";
13      }
14  }
15
```

[참고 사항]

- 엑셀 ID는 Alias로써 여러 엑셀 파일을 열 때도 Alias 명으로 설정하면 됩니다.

3.13 Trigger

RPA Trigger는 도구나 플랫폼에서 자동화된 작업을 시작하거나 실행하는 기능을 가리킨다. 트리거는 자동화 프로세스가 특정 이벤트나 상황을 감지하여 자동으로 작동하게끔 하는 메커니즘이며 RPA Trigger를 통해 일정한 조건이 충족되거나 특정 이벤트가 발생했을 때 자동화 작업이 실행되어 원하는 결과를 얻을 수 있다.

Trigger는 자동화 프로세스를 유연하게 제어할 수 있도록 해 주며, 다양한 트리거 옵션을 사용하여 원하는 작업을 자동으로 실행할 수 있다. CheckMATE RPA 도구들은 다양한 트리거 옵션을 제공하여 사용자가 자동화 프로젝트를 더욱 효과적으로 구성할 수 있도록 지원하고 있다. 이를 통해 비즈니스 프로세스의 자동화와 생산성 향상에 큰 도움을 준다.

RPA Trigger의 종류는 다음과 같다.
- Object Detect: 설정된 값과 일치하는 오브젝트를 감지한다.
- File System Monitoring: 지정된 파일 또는 폴더의 변경 사항을 감지한다.
- Hot Key: 사용자의 키 입력을 감지한다.
- Process Monitoring: Process의 실행 또는 종료를 감지한다.
- Window Title Monitoring: Window창의 실행 또는 종료를 감지한다.
- Mail Monitoring(IMAP, POP3): 새로 수신된 메일을 체크한다.

- FTP Monitoring: FTP 파일 또는 폴더의 변경 사항을 감지한다.
- SSH Monitoring: SSH 명령을 통해 원격 서버를 모니터링한다.
- Script Code Monitoring: Script Code를 실행하여 실행 여부를 체크한다.

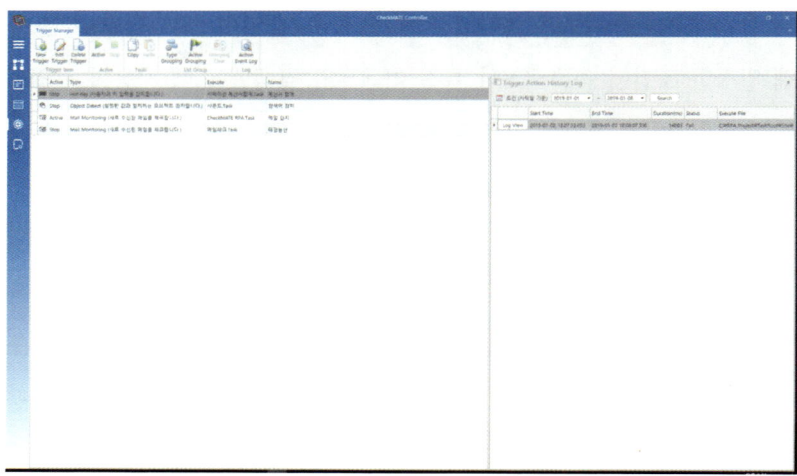

▣CHECKMATE 기능 활용

※ Trigger 창 및 버튼 기능

1) Ribbon Menu

이곳에서는 Trigger의 세부 기능에 대해 설명한다. 각 항목이 가진 기능과 더불어 첨부된 예제를 이용하여 아주 간단히 작성할 수 있다.

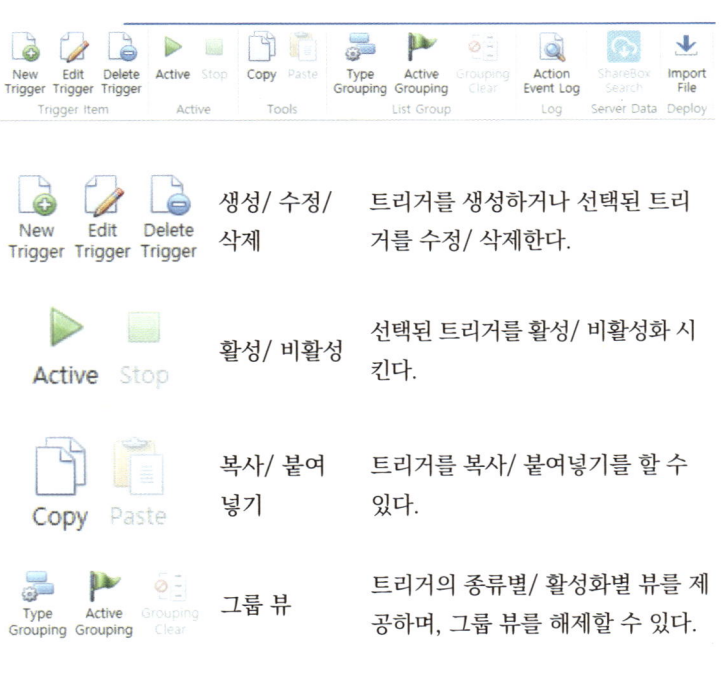

	생성/ 수정/ 삭제	트리거를 생성하거나 선택된 트리거를 수정/ 삭제한다.
	활성/ 비활성	선택된 트리거를 활성/ 비활성화 시킨다.
	복사/ 붙여넣기	트리거를 복사/ 붙여넣기를 할 수 있다.
	그룹 뷰	트리거의 종류별/ 활성화별 뷰를 제공하며, 그룹 뷰를 해제할 수 있다.

트리거
         Action   트리거 수행 여부를 확인한다.
         Event Log

                  Flow 및   CMEX 파일을 Import하여 Flow
                  Task Import   및 Task가 생성된 디렉토리에 동일
                                하게 추가 및 변동할 수 있다.

2) Trigger Action History Log

- 트리거 실행 결과를 조회할 수 있다.

조회 조건을 통하여 검색할 수 있으며, 버튼으로 상세 결과를 확인할 수 있다.

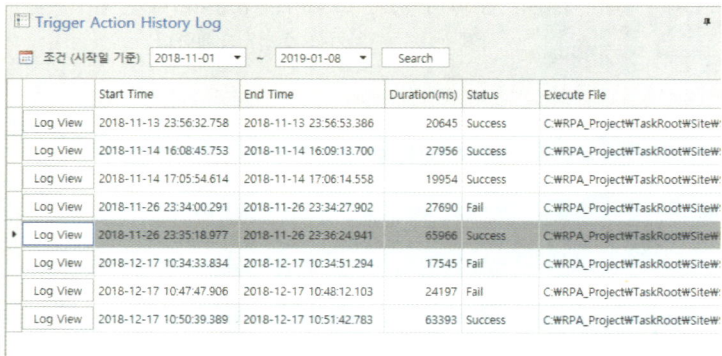

3. RPA 적용 기술

3.14 Bot 원격 제어

RPA(Robotic Process Automation)의 Bot 원격 제어는 RPA 봇을 서버를 통하여 원격으로 제어하고 모니터링하는 기능을 의미한다. 이는 봇이 여러 지점에 분산되어 있거나 봇의 운영 및 관리를 서버에서 효율적으로 수행하는 중요한 기능이다.

RPA 플랫폼은 서버 관리 대시보드 또는 웹 인터페이스를 통해 봇에 명령을 내릴 수 있다. 이로 인해 서버에서 여러 봇을 효율적으로 제어하고, 필요에 따라 작업을 시작, 일시 중지 또는 중지할 수 있다. 또한 봇의 실행 상태와 성능을 실시간으로 모니터링할 수 있는 기능을 제공한다. 봇이 실행 중인지, 작업이 정상적으로 수행되고 있는지, 오류가 발생했는지 등을 확인하여 운영상의 이슈를 빠르게 파악하고 대응할 수 있다. 이때 봇의 로그와 오류 정보에 접근하여 문제가 발생한 경우 그 원인을 파악하고 해결하는 데 도움을 준다. 봇이 비정상적으로 작동하는 상황을 감지하고 이를 통지할 수 있다. 예를 들어, 봇이 예상 시간보다 오래 실행되는 경우나 오류가 반복적으로 발생하는 경우 관리자에게 알림을 보내 이상 상태를 대응할 수 있다. 이를 통해 봇의 안정성과 신뢰성을 높일 수 있다.

또한 원격 제어를 통해 봇의 작업 스케줄을 설정하고 관리할 수 있다. 일부 RPA 플랫폼은 작업 우선순위, 작업 재시도 정책 등을 설정하여 작업 처리의 유연성을 확보할 수 있다.

Bot 원격 제어를 통해 RPA 시스템의 관리 및 운영이 효율적으로 이루어지며, 봇의 성능과 안정성을 개선하여 더욱 효과적인 자동화를 실현할 수 있다.

[CheckMATE RPA Bot Manager 화면]

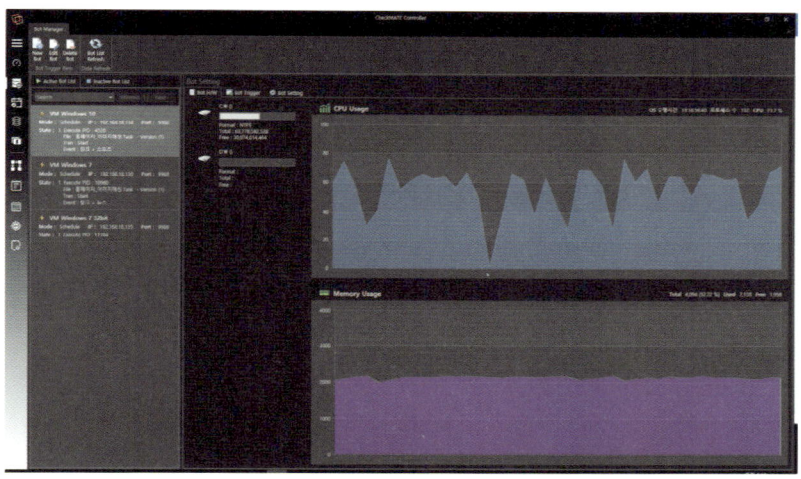

CHECKMATE 기능 활용

※ Bot Manager 창 및 버튼 기능

1) Ribbon Menu
- Bot Manager의 세부 기능에 대해 설명합니다.

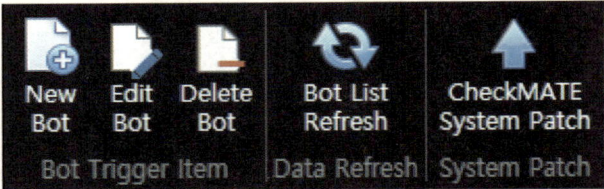

	생성/ 수정/ 삭제	Bot을 생성하거나 선택된 Bot을 수정/ 삭제한다.
	새로 고침	Bot 목록을 새로 고침한다.
	자동 패치	Bot 패치 작업을 ControlManager에서 수행한다.

2) 봇 상태

- New Bot/ Edit Bot/ Delete Bot을 통하여 Bot을 관리할 수 있습니다. Bot을 사용하지 않을 시 Delete Bot을 하는 것보다 Active 상태를 Inactive로 변경함으로써 과거 데이터에 대한 관리를 할 수 있습니다.
- Bot Mode는 2가지 방식을 지원합니다.
  Schedule Mode: 해당 봇을 스케줄로 업무를 수행합니다.
  Queue Mode: 해당 봇을 큐 부하 분산으로 업무를 수행합니다.

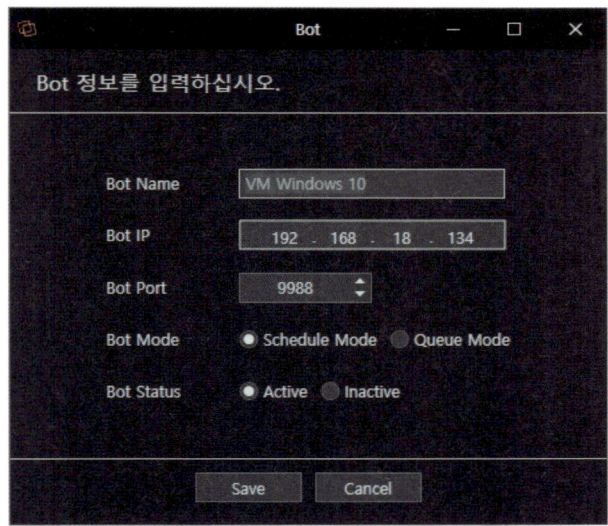

3) 봇 상세 조회

- Bot의 상태를 상세 조회합니다. 원격 제어도 가능하며, 클릭 및 키 입력 등을 제공합니다.
- Bot의 상태는 윈도우 세션이 생성된 상태여야 하며, 잠금 화면이나 화면 보호기 상태에서는 제어가 불가능합니다.

 Bot 목록에서 상세 조회할 Bot을 우클릭 후 메뉴에서 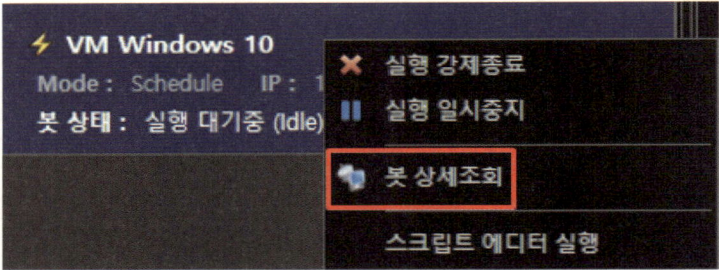 버튼을 선택합니다.

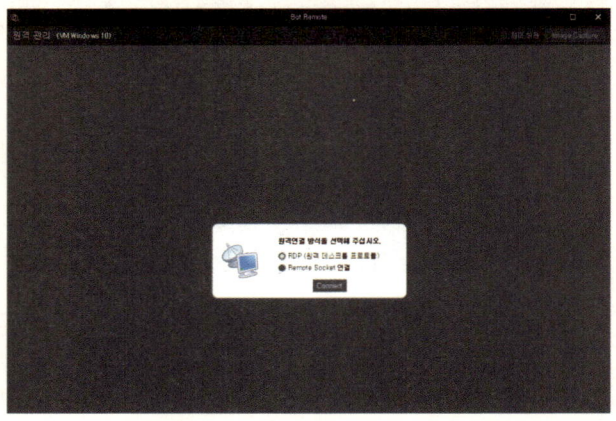

봇 상세 조회 시 연결 방법은 2가지가 있습니다.

RDP(원격 데스크톱 프로토콜) 방식은 Microsoft에서 개발된 원격 제어 프로토콜을 사용하는 방식입니다. 기본 원격 제어를 위한 프로토콜이기 때문에 반응성이 좋지만, 높은 성능과 빠른 네트워크가 필요합니다.

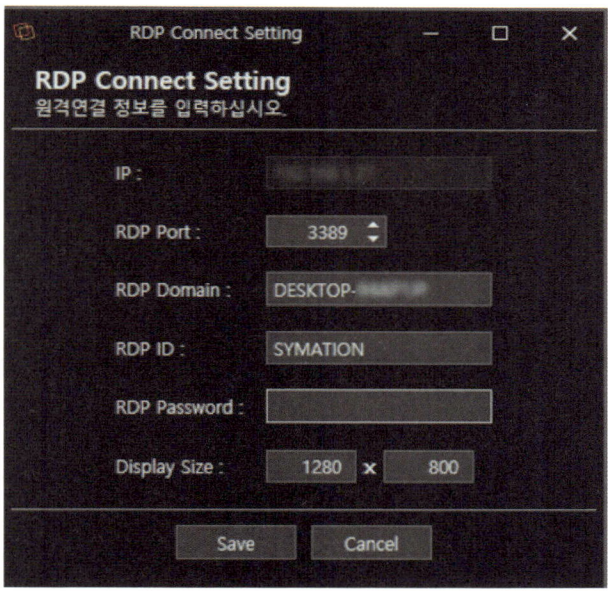

Remote socket 방식은 CheckMATE RPA에서 소켓을 이용하여 데이터를 통신하는 방식입니다. RDP에 비해 성능과 네트워크의 요구 사항이 낮지만 반응성이 떨어집니다. 업무를 직접 작업하는 것이 아닌 원격으로 모니터링하고 로그 확인용으로 용이합니다.

 제어 허용 을 체크하면 원격 제어가 시작되며 일반 사용법과 동일하게 키 입력 및 클릭을 제어할 수 있습니다.

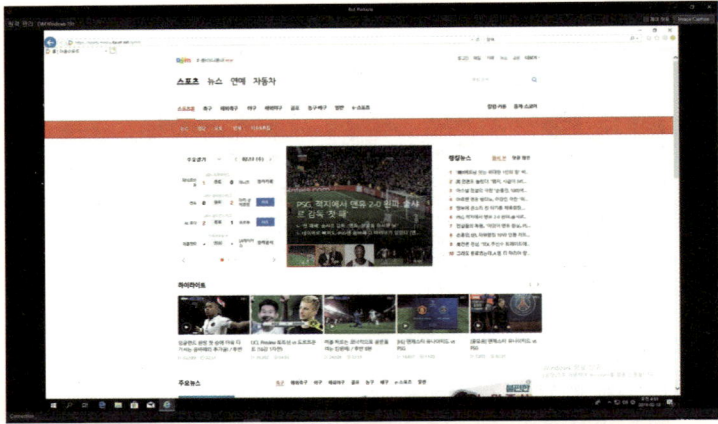

 Image Capture 버튼을 통하여 Bot에 대한 화면을 캡처할 수 있습니다. 캡처 파일은 원본 이미지이기 때문에 스크립트 수정 시 사용할 수 있습니다.

4) 실행 강제 종료
- Bot이 실행 상태일 경우 강제 종료할 수 있습니다. 강제 종료의 종류는 실행 중인 프로세스와 반복 스케줄 Thread 종료로 나누어집니다.

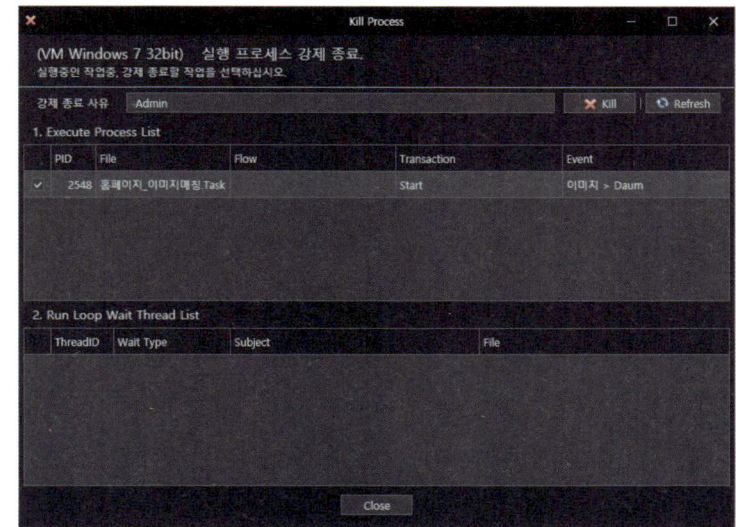

5) CheckMATE System Patch
- Bot의 버전업 및 버그픽스 시 Bot 패치를 수행합니다.(전문 기술 지원 인력으로부터 지원 권고)
- ControlManager의 버전과 동일하게 패치를 수행합니다.
- 버전이 다른 파일들만 패치를 수행합니다.

Bot마다 설치할 필요 없이 Bot의 서비스 및 프로세스를 재기동합니다. 단 Bot 장비의 윈도우 계정은 서비스 재기동 권한이 있어야 재기동이 가능합니다.

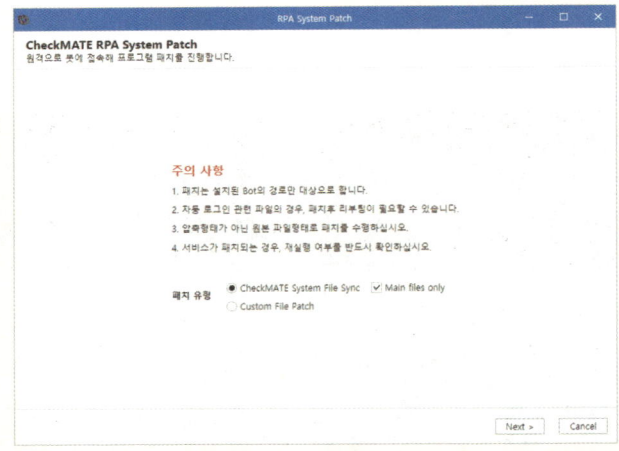

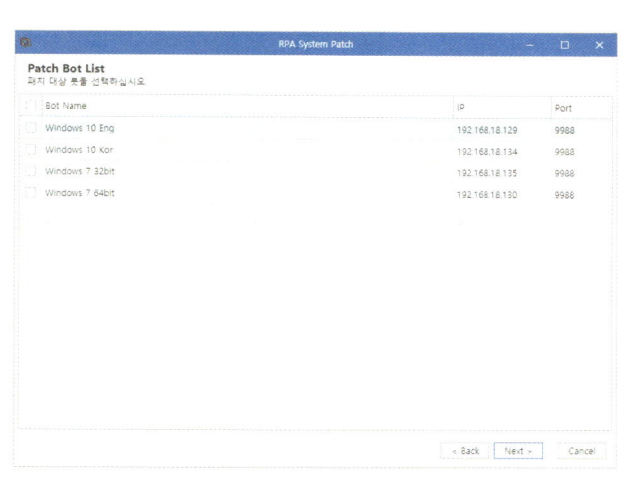

3. RPA 적용 기술

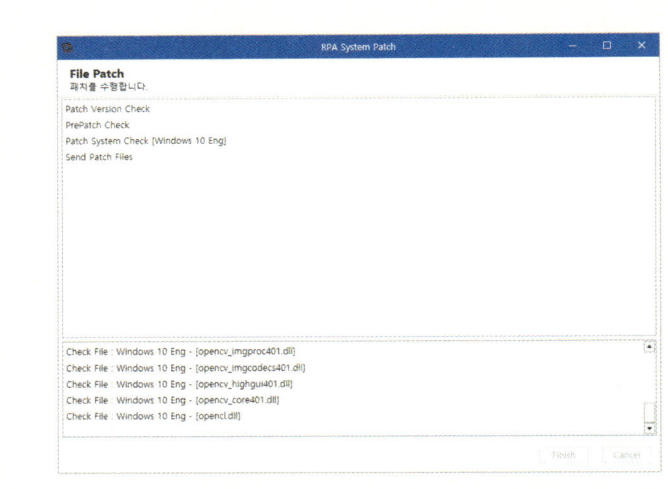

6) 스크립트 에디터

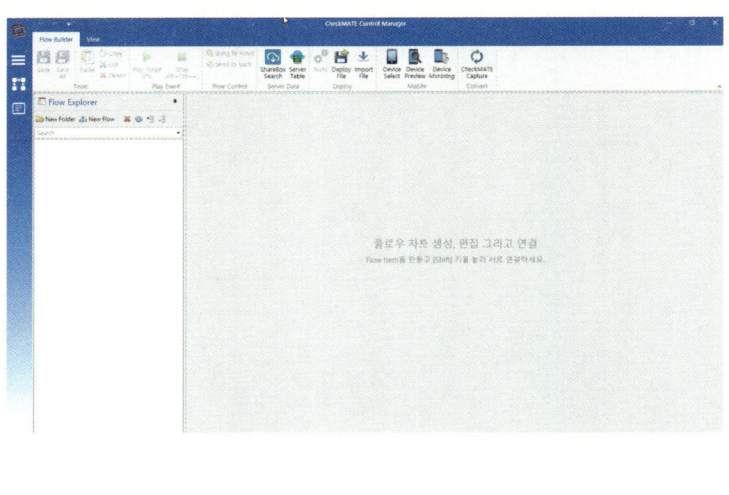

봇에서 이슈 사항이나 에러가 발생했을 경우, 봇에서 직접 스크립트를 작성하여 테스트할 수 있습니다. 서버에 업로드된 Task/Flow들을 다운로드하여 수정하거나 새로운 Task/Flow를 생성하여 테스트해 볼 수 있습니다. 스크립트 에디터는 Task/Flow를 작성하는 기능만 존재합니다.

7) Bot H/W/ Bot Trigger/ Bot Setting
- Bot H/W: 봇의 상태 모니터링을 제공하고, 봇의 드라이브 확인 기능을 제공합니다.

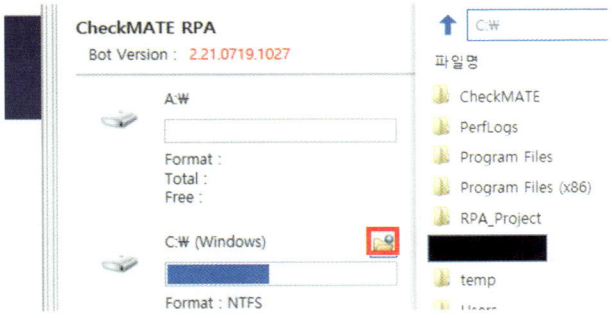

- Bot Trigger: ControlManager의 Trigger 기능과 동일하며 Bot마다 트리거 설정을 제공합니다.
- Bot Setting: ControlManager의 Setting 기능과 동일하며 Bot 마다 세팅 설정을 제공합니다.

3.15 Schedule Bot과 Queue Bot

지속적으로 발전하는 현대 사회에서 빠르고 정확한 업무 수행은 중요한 요소로 자리 잡고 있다. 하지만 반복적이고 규칙적인 업무에 많은 시간을 할애해 생산성이 떨어지는 것이 지금의 현실이다. 이를 해결하기 위해 이런 업무들의 자동화를 하고 자동화된 시스템을 Schedule Bot이나 Queue Bot을 사용할 수 있다. Bot들은 별도의 PC에서 작동을 하여 업무를 수행하기에 기존의 업무가 아닌 다른 업무를 수행할 수 있게 된다.

Schedule Bot과 Queue Bot은 업무 환경이나 상황에 따라 사용할 수 있다.

Schedule Bot은 특정 일자/ 시간 기반으로 작업을 자동화하는 RPA 봇이다. 일반적으로 주기적인 작업이나 정기적으로 발생하는 작업을 처리하는 데 사용된다. Schedule Bot은 미리 설정된 시간에 자동으로 실행되며, 일정에 따라 프로세스를 시작하고 완료할 수 있다.

일반적으로 Schedule Bot은 빈번하게 반복되는 루틴 작업이나 일정한 주기로 업데이트되는 데이터를 처리하는 데 사용된다. 예를 들어, 업무자가 업무 시간에 작업한 내역을 취합하여 엑셀로 정리하는 업무의 경우 업무 외의 시간인 점심시간이나 퇴근 후의 시간에 스케줄을 예약하여 수행할 수 있다. 이로 인해, 단순 반복 업무를 봇에게 맡기고 업무자는 다른 업무를 수행할 수 있는 시간을 확보할 수 있다.

또한 업무 시간 동안 수행 횟수의 제한 없이 반복적으로 수행하는 업무의 경우, 정해진 시간에 일정 시간의 간격을 두고 반복 수행을 할 수 있다. 이로 인해, 프로그램이나 모바일 애플리케이션 등의 효율적인 테스트 자동화가 가능하다.

CheckMATE RPA에서는 Schedule Bot을 사용자가 원하는 방식으로 관리할 수 있다.

Calendar 모드는 달력 형식의 UI로 설정한 스케줄을 Day, Week, Month, TimeLine 뷰 형식으로 보고 쉽게 관리할 수 있다. 또한 각 Bot들의 업무 수행 시간을 한눈에 볼 수 있어 업무를 분산하기에도 용이하다.

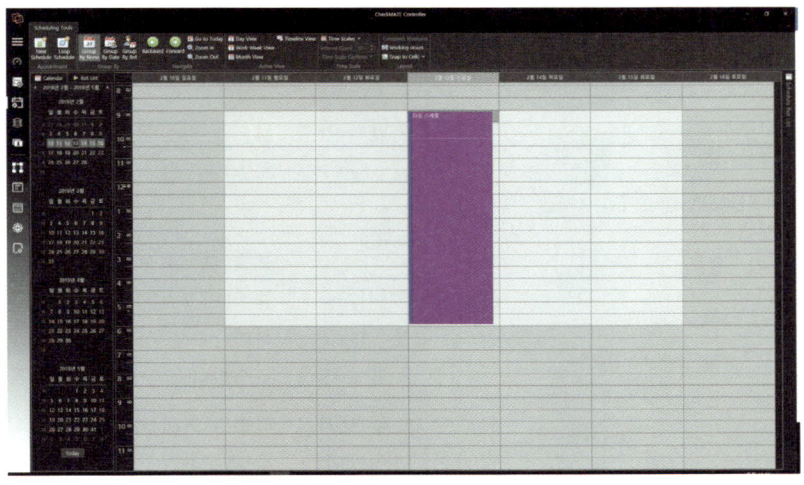

CHECKMATE 기능 활용

※ Schedule 창 및 버튼 기능

1) Ribbon Menu

Bot Schedule(Calendar)의 세부 기능에 대해 설명합니다.

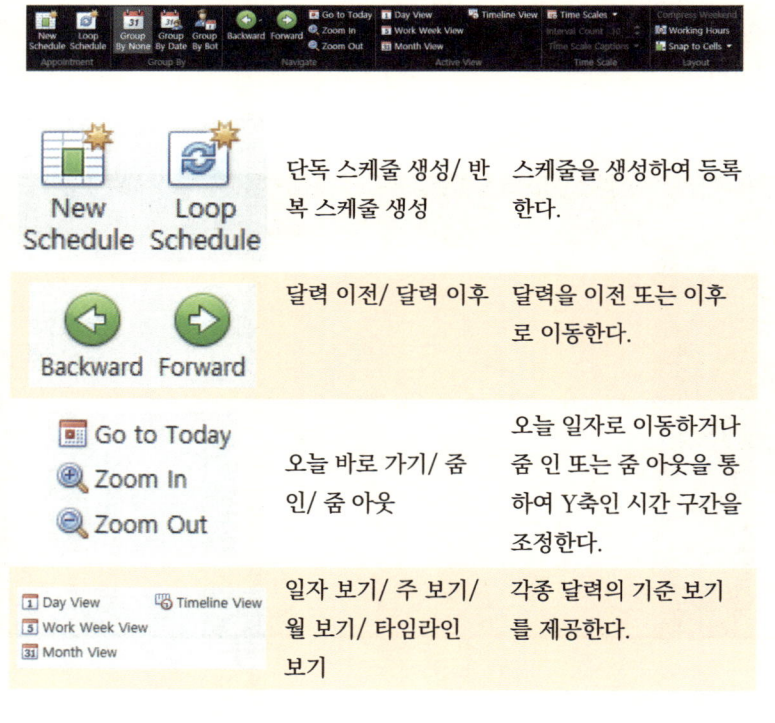

New Schedule / Loop Schedule	단독 스케줄 생성/ 반복 스케줄 생성	스케줄을 생성하여 등록한다.
Backward / Forward	달력 이전/ 달력 이후	달력을 이전 또는 이후로 이동한다.
Go to Today / Zoom In / Zoom Out	오늘 바로 가기/ 줌 인/ 줌 아웃	오늘 일자로 이동하거나 줌 인 또는 줌 아웃을 통하여 Y축인 시간 구간을 조정한다.
Day View / Work Week View / Month View / Timeline View	일자 보기/ 주 보기/ 월 보기/ 타임라인 보기	각종 달력의 기준 보기를 제공한다.

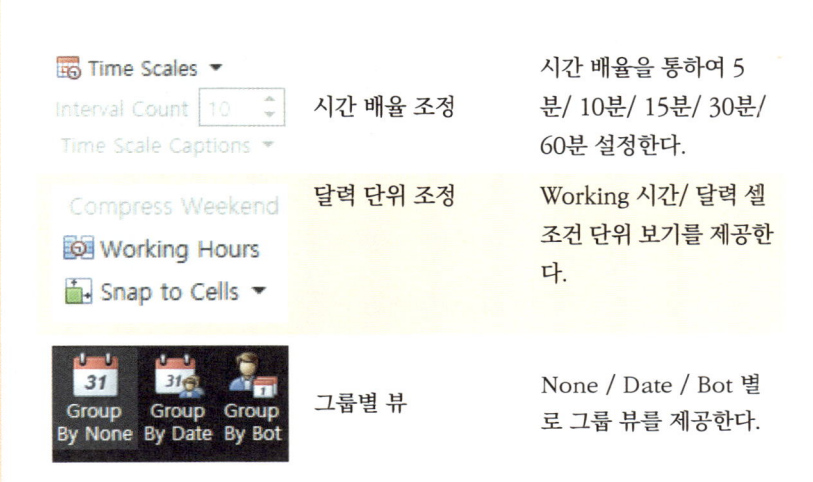

	시간 배율 조정	시간 배율을 통하여 5분/ 10분/ 15분/ 30분/ 60분 설정한다.
	달력 단위 조정	Working 시간/ 달력 셀 조건 단위 보기를 제공한다.
	그룹별 뷰	None / Date / Bot 별로 그룹 뷰를 제공한다.

2) Schedule Bot List

스케줄 봇에 대한 목록 및 실시간 모니터링, 상세 조회, 강제 종료 등을 수행할 수 있습니다.

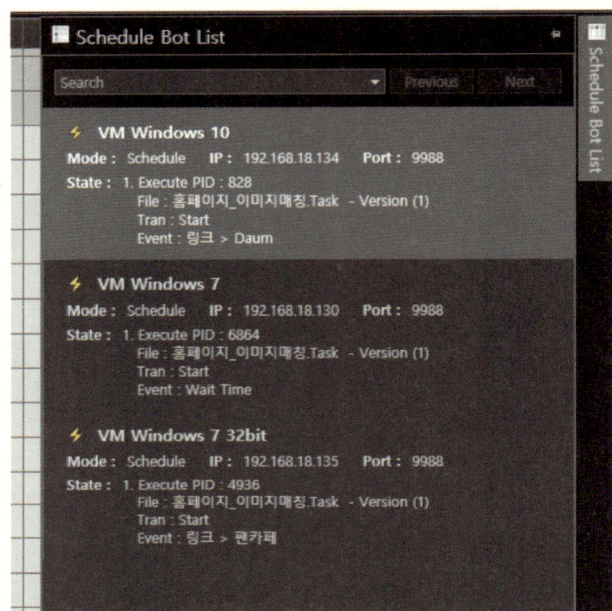

　Grid 모드는 리스트 형식의 UI로 다수의 스케줄 및 업무를 효율적으로 관리할 수 있습니다. 각 스케줄별로 통계 및 로그를 확인하여 관리하기 용이합니다.

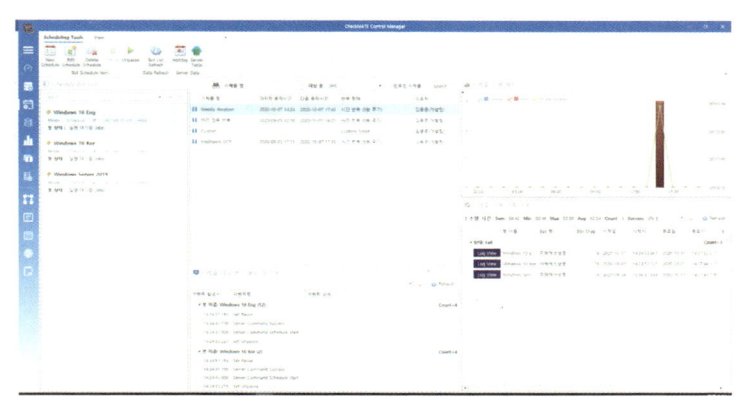

※ Schedule 창 및 버튼 기능

1) Ribbon Menu

Schedule Bot(Grid)의 세부 기능에 대해 설명합니다.

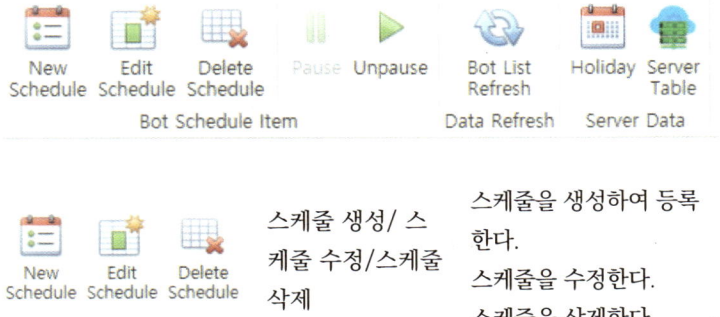

스케줄 생성/ 스케줄 수정/스케줄 삭제

스케줄을 생성하여 등록한다.
스케줄을 수정한다.
스케줄을 삭제한다.

3. RPA 적용 기술

2) Schedule Bot List

스케줄 봇에 대한 목록 및 실시간 모니터링, 상세 조회, 강제 종료 등을 수행할 수 있습니다.

Queue Bot은 RPA 봇과 업무 시스템 간의 작업을 조정하고 관리하기 위해 사용되는 RPA 기능입니다. Queue Bot은 Queue Bot은 Schedule Bot과는 다르게 업무 요청이 정기적이지 않고 동적으로 발생하거나 여러 작업이 추가될 때 사용할 수 있습니다. 작업을 큐(Queue)에 추가하고, 다른 봇이나 업무 시스템에서 해당 큐를 모니터링하여 작업을 순차적으로 처리합니다.

Queue Bot은 작업을 큐에 추가하고, 큐의 우선순위를 관리하며, 작업이 정상적으로 처리되도록 합니다. 이때 여러 봇이 동시에 큐를 모니터링하고 작업을 처리할 수 있으므로 병렬 처리가 가능합니다. 큐를 통해 작업을 배분하므로 봇이 업무 시스템에 접근하여 대기하는 시간을 최소화할 수 있고, 자동으로 봇들의 부하를 분산할 수 있습니다.

특히 여러 봇이 병렬로 작업을 처리해야 하는 경우에 사용하면 효율적인 자동화를 구현할 수 있습니다. 예를 들어, 여러 태스크를 처리해야 하는 경우, Queue Bot을 사용하여 태스크를 큐에 추가하고 여러 봇이 병렬로 태스크를 처리하도록 할 수 있습니다.

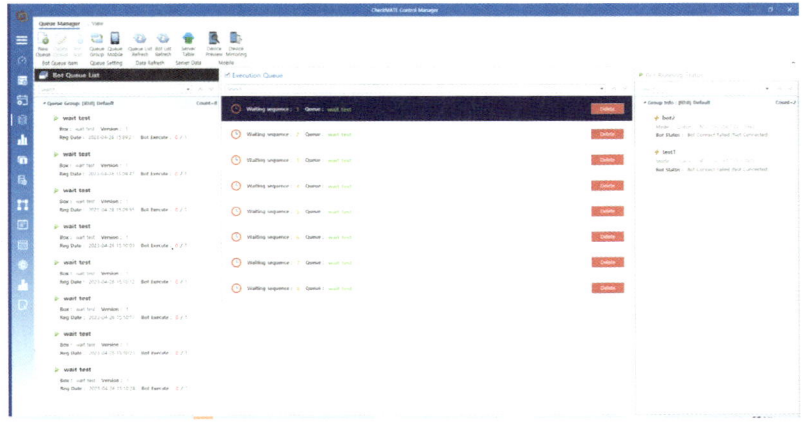

CHECKMATE 기능 활용

※ Queue 창 및 버튼 기능

1) Ribbon Menu

Queue Bot의 세부 기능에 대해 설명합니다.

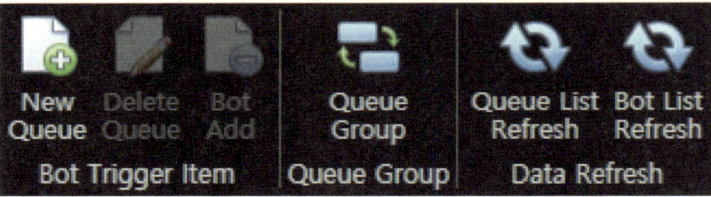

	큐 생성/ 삭제/ 봇 추가	큐를 생성/ 삭제/ 봇 실행 추가한다.
	그룹 큐 지정	큐 봇을 그룹으로 지정한다.
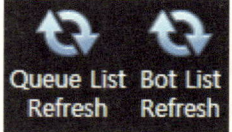	큐 목록/ 봇 목록 새로 고침	큐 목록 및 봇 목록을 새로 고침한다.

2) Bot Queue List/ Execution Queue/ Bot Running Status
- 큐 봇에 대한 목록 및 실시간 모니터링, 상세 조회를 수행할 수 있습니다.

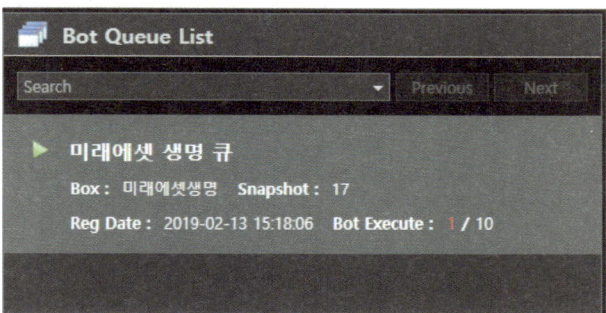

- 실행 대기 큐에 대한 목록 및 삭제를 수행할 수 있습니다.

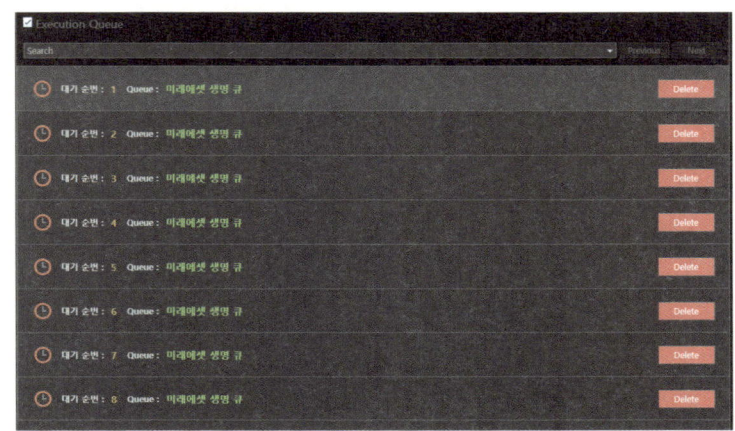

- 큐 봇에 대한 목록 및 실시간 모니터링, 상세 조회, 강제 종료 등을 수행할 수 있습니다.

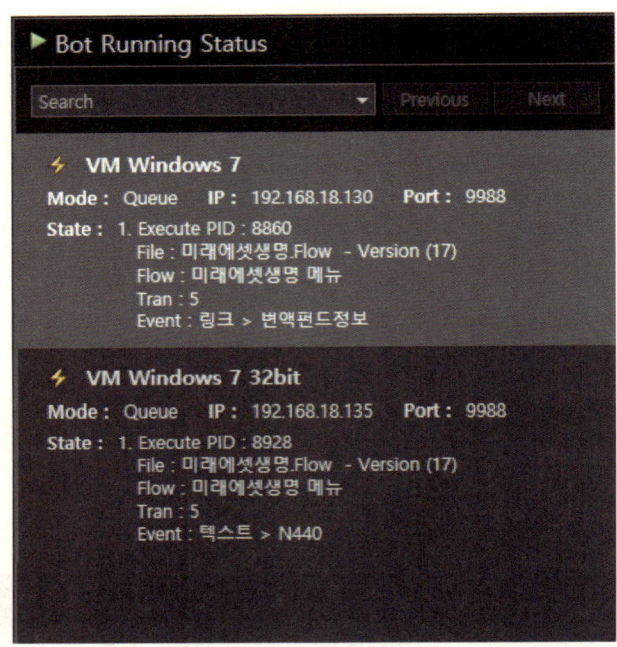

3) New Queue
- 큐 작업명과 업무 플로우 및 스크립트를 선택하여 실행 봇 수를 설정하면 자동으로 유휴 봇에 실행됩니다.

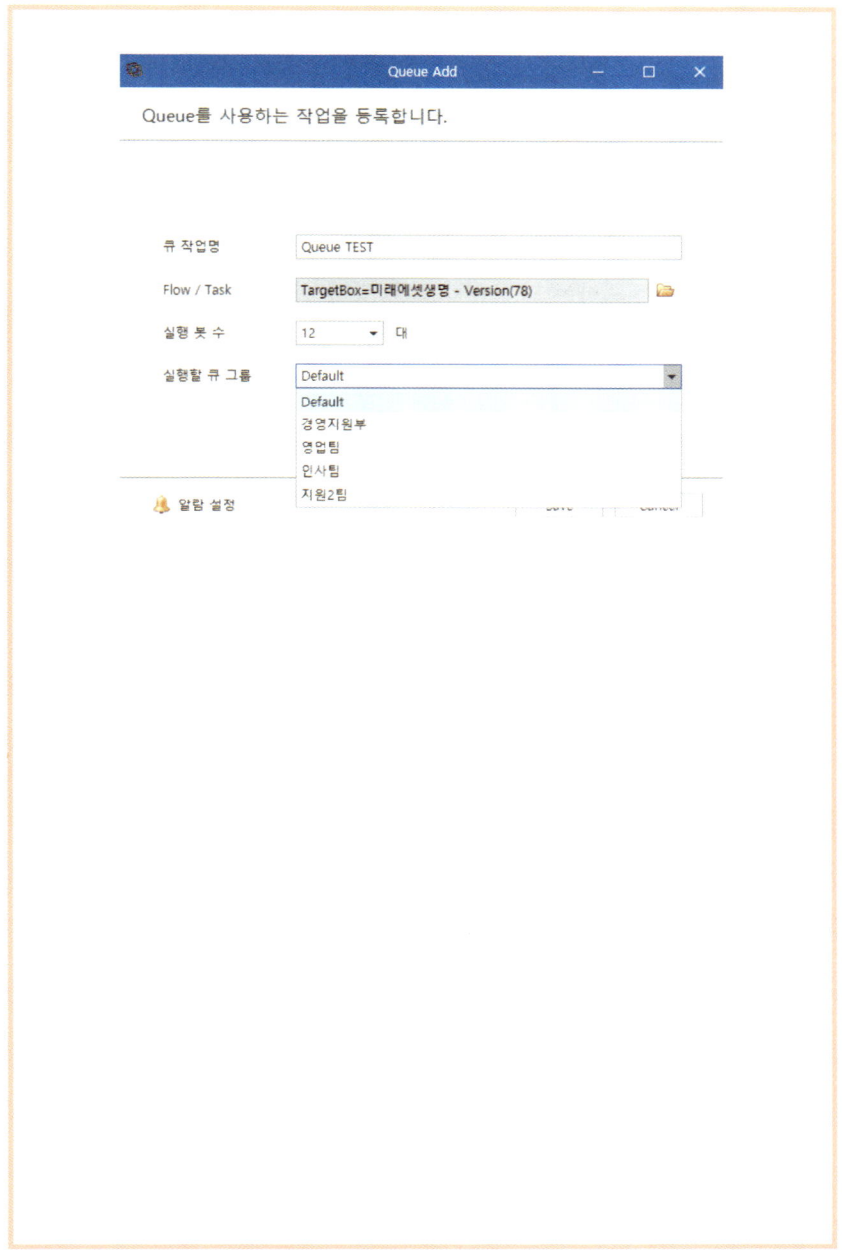

3.16 CheckMATE Capture(Non-Script)

RPA 시스템은 사용자가 작업 프로세스를 자동화하기 위한 다양한 기능을 제공하지만, 실제 자동화를 위한 단계는 비교적 복잡하다. 이는 업무 프로세스를 정의하는 과정에서 업무 담당자와의 원활한 협력이 필요하기 때문이다. RPA도입 시기에는 업무 담당자들이 RPA에 대한 이해도가 부족하거나 새로운 기술 도입에 대한 우려가 있어 적극적인 협조가 이뤄지지 않아 업무 프로세스 정의와 세부 사항 파악에 어려움이 발생할 수 있다.

하지만 RPA는 스크립트가 없는 자동화 프로세스 방식을 추구하는 방향으로 이러한 어려움을 극복하고자 한다. 기존 스크립트 작성은 프로그래밍 지식과 기술이 필요하기 때문에 비전문가들이 접근하기 어려웠지만, RPA에서는 시각적 프로그래밍이나 드래그 앤 드롭 인터페이스와 같이 쉽게 사용할 수 있는 환경을 제공하여 비전문가들도 쉽게 업무를 자동화할 수 있도록 돕는다. 이런 접근 방식은 빠른 개발과 유지 보수가 가능하도록 하며, 교육 비용과 시간을 줄여주어 RPA 도입을 더욱 효율적으로 만들어 주고 업무 담당자가 쉽게 업무를 정의하고 적용할 수 있다.

그럼에도 업무 담당자들의 협조가 부족할 경우, 스크립트 작성자는 작업에 필요한 세부 사항과 업무 흐름을 파악하는 데 어려움이 생길 수 있고, 정확한 요구 사항 파악이 어렵기 때문에 잘못된 방향으로 자동화가 진행될 수 있다. RPA 스크립트를 작성하기 위해서는 스크립트 작성자가 자동화하려는 프로세스를 충분히 이해하는 과정이 필요하고 이를 위해 업무 담당자와 스크립트 작성자 간의 원활한 소통과 협력이 필요하며, 작업 프로세스에 대한 전문적인 지식과 세부 사항을 공유해야 한다. 스크립트 작성자는 업무 담당자로부터 제공된 정보를 기반으로 RPA 프로그램을 통해 스크립트를 작성한다. 스크립트 작성은 자동화하려는 프로세스의 복잡성과 규모에 따라 시간이 소요될 수 있으며, 업무 담당자와 스크립트 작성자 간의 재작업과 수정이 필요하다.

하지만, 업무 담당자가 기존 처리하고 있는 업무로 인해서 해당 업무가 체계화되어 있지 않을 경우 자세하고 정확한 내용을 담기 어려워 작성하는 작업이 번거로울 수 있고, 프로세스가 변경되거나 수정할 경우 재작업이 필요하기 때문에 부담스러울 수 있다. RPA 프로그램 업체들은 비전문가도 쉽게 작성할 수 있도록 시각적 프로그래밍 환경과 템플릿을 제공하는 등의 노력을 기울이고 있지만, 실질적으로는 업무 담당자들이 프로세스를 정의하기 위한 시간과 노력을 줄이기는 어렵다.

그래서 CheckMATE RPA에서는 CheckMATE Capture프로그램을 통해 업무 담당자의 작업을 녹화하여 업무 프로세스 정의서를 간단하게 작성하는 기능을 제공한다. 또한 작업 녹화 파일을 통해 스크립트 코드를 작성하지 않고, 자동화 스크립트도 1차적으로 단순하게 작성 가능하다. 담당자분들과 미팅을 진행하면서 작업을 녹화해 둔 뒤, 문서 가공 작업을 진행하고 산출된 문서를 통해 업무 최종 협의 후 스크립트 담당자는 자동화 프로세스 개발을 진행하고 있다.

CHECKMATE 기능 활용

※ CheckMATE Capture

1) 개요

CheckMATE Capture는 업무 담당자의 행동을 기반으로 프로세스 정의서를 작성합니다.

기존의 Flow Builder와 같이 업무 관점에서의 비즈니스 업무 흐름도를 구성할 수 있습니다.

2) User Interface

조작 화면은 매우 직관적으로 간단히 구성되어 있어 코딩을 전혀 모르는 업무 담당자도 간단한 조작만으로 자동화 업무를 정의할 수 있습니다.

3) 프로그램 시작 화면
- 새로운 프로젝트: 신규 프로젝트를 생성.
- 프로젝트 열기: 기존 제작했던 프로젝트를 수정.

4) CheckMATE Capture 창 및 버튼 기능

새로운 프로젝트를 생성하거나 기존 프로젝트를 열었을 때의 화면입니다.

해당 화면에서 제공되는 기능을 통해 간단하게 프로세스 정의서를 작성할 수 있습니다.

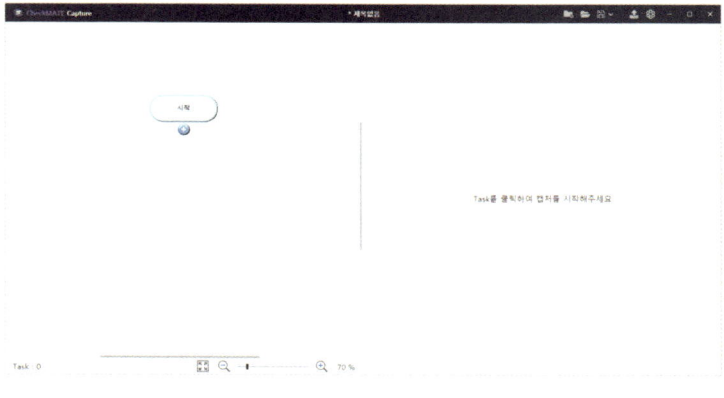

* 상단 메뉴

	프로젝트 새로 만들기	현재 프로젝트를 종료하고 새로 프로젝트를 생성합니다.
	새로 열기	현재 프로젝트를 종료합니다.
	저장	현재 프로젝트를 종료합니다.
	내보내기	현재 진행한 프로젝트를 워드, 이미지, 프로젝트를 내보냅니다.
	옵션	CheckMATE Capture의 옵션을 변경할 수 있습니다

* Flow Explorer

- Task 생성

Flow Explorer 내의 시작에서 +버튼을 눌러 Task 또는 Decision 추가합니다.

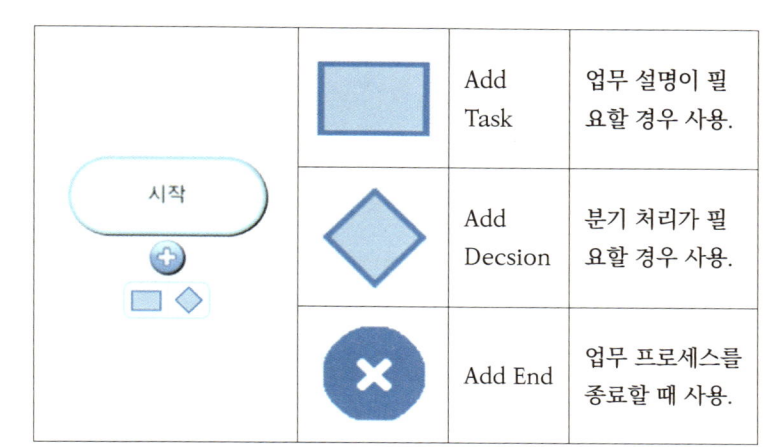

		Add Task	업무 설명이 필요할 경우 사용.
		Add Decsion	분기 처리가 필요할 경우 사용.
		Add End	업무 프로세스를 종료할 때 사용.

3. RPA 적용 기술

[생성 예시]

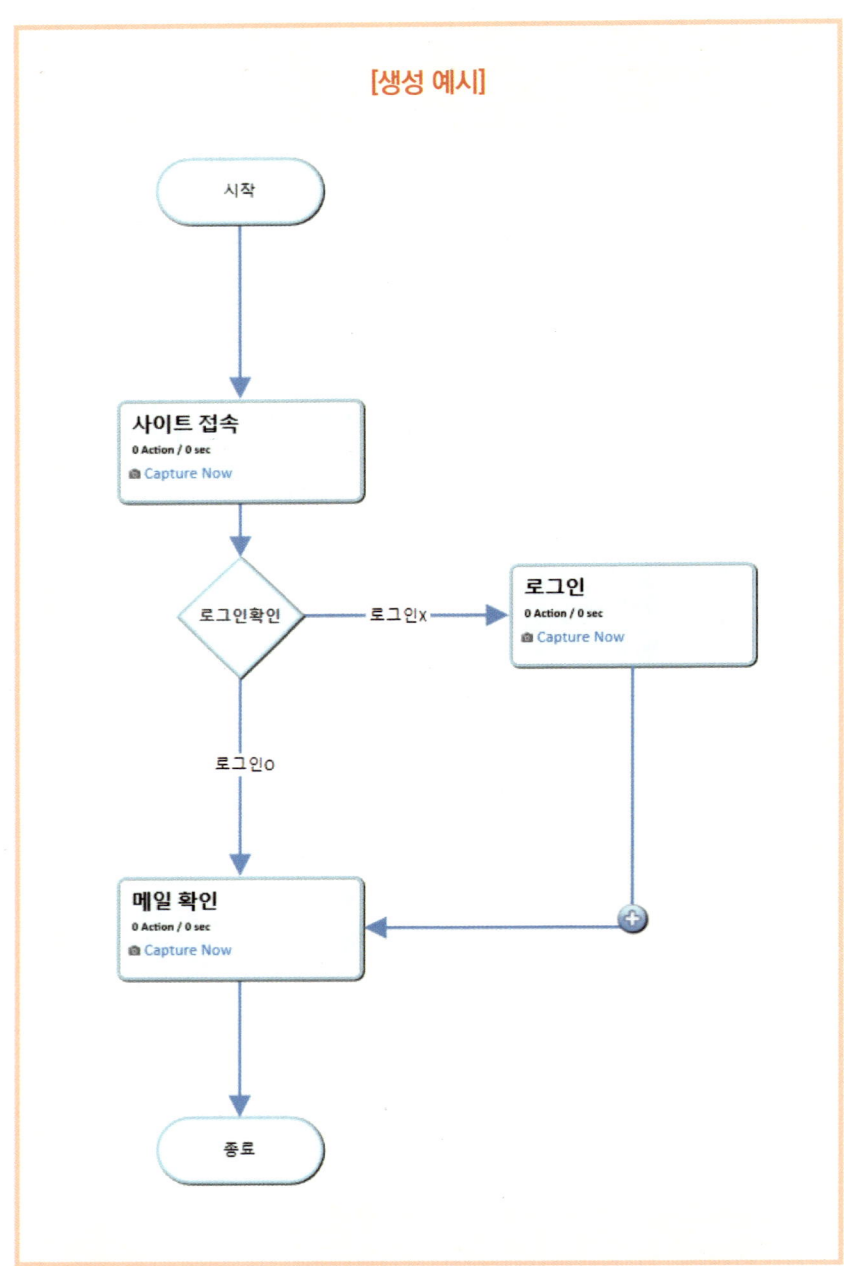

- Task 업무 녹화

녹화하려는 Task 하단의 'Capture Now' 버튼을 클릭합니다.

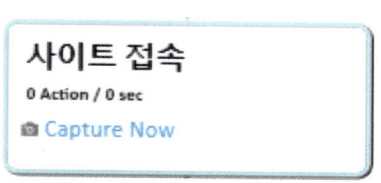

이미지 기반으로 작성하여 지원되는 이벤트는 한정되어 있습니다.
- 지원 이벤트: Vision Point, 이미지 클릭, 키타이핑, Active Window, Wait Time

그리고 실제로 사용하는 것처럼 마우스로 클릭하게 되면 Recording Count 숫자가 올라갑니다.

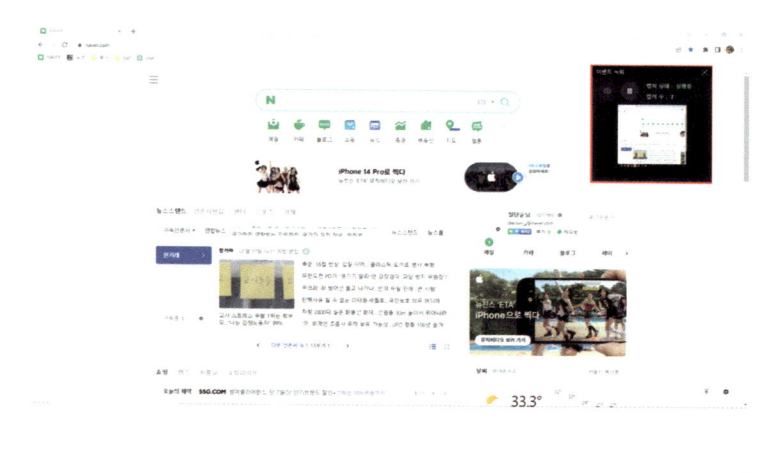

	레코드 시작	Easy Recording을 시작한다.
	레코드 일시 정지	레코딩된 이벤트를 단일 선택 삭제한다.
캡쳐 상태 : 실행중 캡쳐 수 : 2	레코드 상태	레코딩 상태가 나타나고 캡쳐 횟수가 카운팅된다.
	레코드 종료	레코딩 종료 시 선택한다.

- Task 수정

제목과 설명을 입력 및 수정할 수 있으며, 해당 이미지를 수정하거나 삭제할 수 있습니다.

	이벤트 수정	캡쳐한 이벤트 이미지를 수정한다.
	이벤트 삭제	캡쳐한 이벤트를 삭제한다.

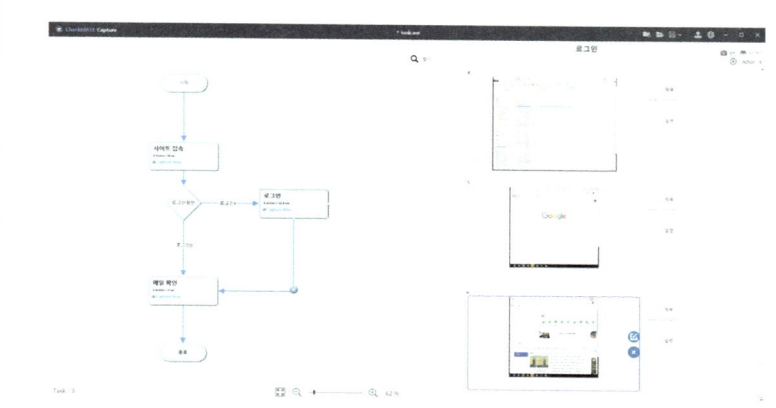

이미지 수정을 위한 다양한 기능을 제공하고 있습니다.

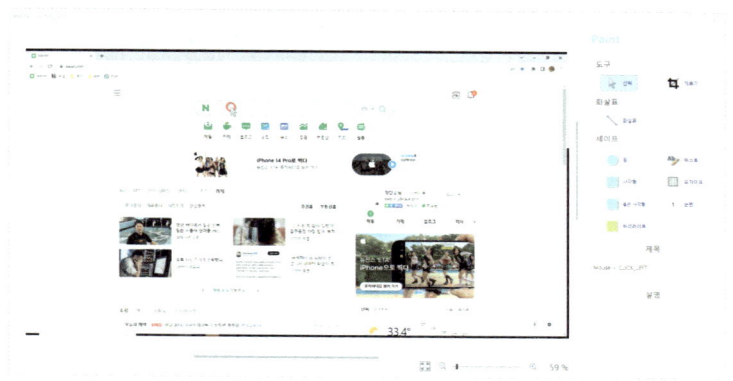

- RPA에서 자동화 스크립트 불러오기

작업한 프로젝트 파일을 '.ASR'로 저장한 뒤, RPA의 FlowBuilder

메뉴에서 불러옵니다.

Flow와 Task 폴더 경로를 변경하거나, 이름을 변경할 수 있습니다.

변환 작업이 끝나면 작업한 업무 흐름도가 Flow와 Task로 생성됩니다.

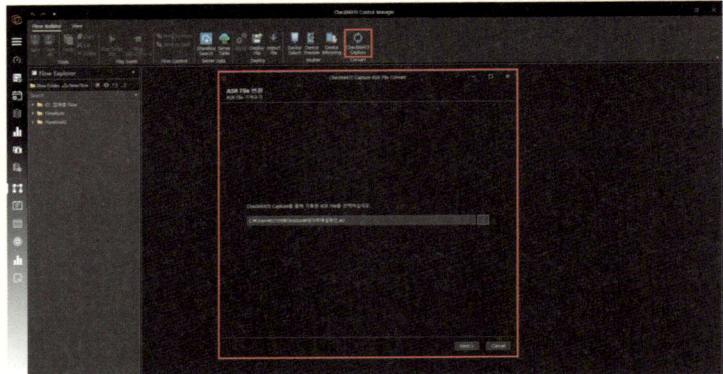

4

자동화 업무 선정과 Task Mining

전 세계 RPA가 이슈화가 되면서 기업에서 고민하는 것 중에 하나는 '어떤 업무를 자동화해야 하는지'이다. 기업 내 여러 업무가 있지만 자동화로 대체했을 때 가장 효율이 나는 업무를 발굴해야 하는데 효율 있는 업무를 발굴하기는 쉽지 않다. 그 숙제를 해결할 수 있는 것이 Data Mining에서 시작된 'Process Mining과 Task Mining'이라는 기술이다.

4.1 Task Mining이란?

Process Mining은 IT 시스템의 High Level의 Action(시스템 로그 기반)에 초점을 맞추고 있어 사용자 데스크톱 수준의 업무를 확인할 수 없었다. 그에 반해 Task Mining은 정확한 사용자 데스크톱 수준의 프로세스 검색과 자동화 범위를 지정할 수 있고 상세 업무의 효율성과 비효율성을 파악할 수 있어 자동화 대상을 선정하는 데 있어 직관적인 데이터를 제공한다.

[Process Mining과 Task Mining의 간략 개념도]

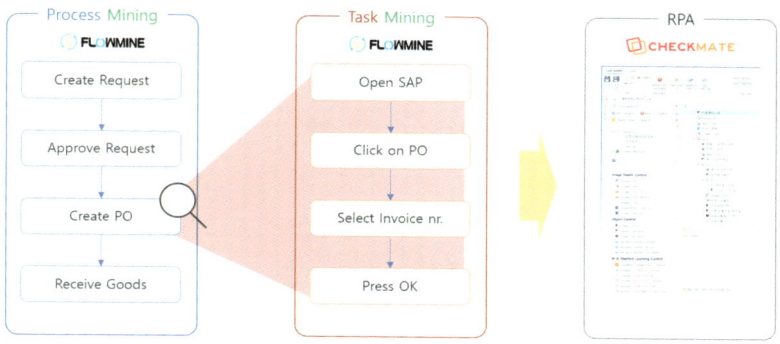

　Task Mining이 중요한 이유는 업무를 수행하는 담당자의 PC에 기록되는 시스템 정보 외 수작업 및 분석 가능하지 않은 패턴에서 비효율성을 발견할 수 있으며, 인력 생산성 측정 및 최적화가 가능하다. 수동 프로세스를 엔터프라이즈 비즈니스 프로세스와 연결하고 사내 데스크톱 전체에서 더 나은 프로세스를 추진할 수 있다.

4.2 자동화 대상 선정

　Task Mining으로의 자동화 대상 선정은 다음과 같은 절차로 이루어진다.

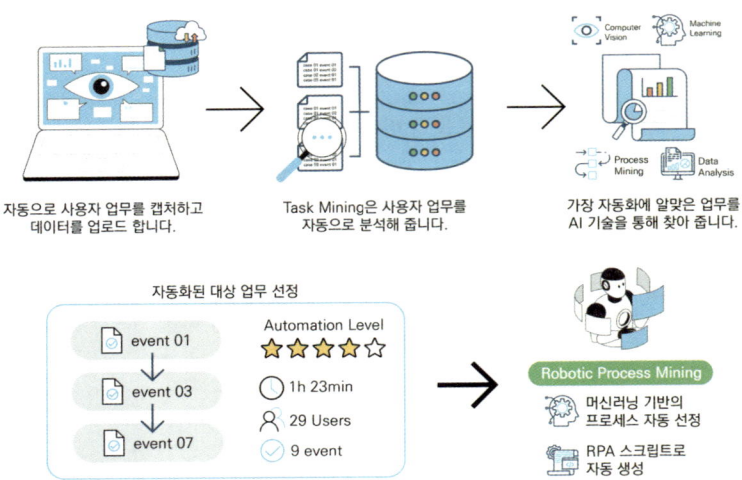

위 절차와 같이 실사용자 PC의 사용자 업무 행동 패턴을 감지 저장하여 Task Mining 기술로 자동 분석을 하게 된다. 이때 가장 자동화에 알맞은 업무를 여러 AI 기술들을 통하여 찾아 주고, 심지어는 RPA 자동화 스크립트로 자동 생성도 할 수 있기 때문에 RPA를 사용하고 있는 사용자 입장에서도 스크립트 작성에 많은 시간과 업무 정의를 할 필요가 없어진다.

5

AI OCR

IT 기술 중에 광학 문자 인식(OCR: Optical Character Recognition)은 이미지 내의 문자를 인식하여 텍스트 포맷의 데이터로 변환하는 과정이다. 예를 들어 문서 양식 또는 영수증을 스캔하는 경우 컴퓨터는 스캔본을 이미지 파일로 저장한다. 이미지 파일에서는 텍스트 편집기를 사용하여 단어를 편집, 검색하거나 단어 수를 계산할 수 없다. 그러나 OCR을 사용하면 이미지를 텍스트 문서로 변환하여 내용을 텍스트 데이터로 저장할 수 있다.

5.1 OCR vs AI OCR

OCR은 컴퓨터가 스캔한 문서, 이미지 또는 PDF 파일과 같은 다양한 비정형 데이터에서 사람이 읽을 수 있는 텍스트를 인식하여 기계가 읽고 편집할 수 있게 텍스트 데이터로 변환하는 기술이다. 입력 문서에 존재하는 문자의 시각적 패턴을 분석하고 해석하여 컴퓨터에서 이해하고 처리할 수 있는 인코딩된 문자로 변환하는 과정을 포함한다.

보통의 OCR을 수행하는 과정은 이미지를 수집하는 것부터 시작한다. 컴퓨터로 작성한 문서를 pdf로 변환하거나 인쇄된 문서를 스캔, 카메라와 같은 장비로 촬영하여 이미지를 수집하게 된다. 문서를 사진이나 스캔으로 저장을 했을 시, 장비나 설정에 따라 해상도와 노이즈의 정도가 달라지게 된다. 만일 저장된 이미지가 화질이나 노이즈 등의 이유로 OCR이미지로 쓰기에 적합하지 않은 경우, 인식된 이미지에서 텍스트 데이터의 추출은 불가능하다.

전처리

결국 OCR의 인식률을 올리기 위해서는 이미지의 텍스트 품질을 개선하는 전처리가 같이 수반될 수밖에 없다. 이러한 전처리 기법으로는 노이즈 제거, 이미지 이진화, 이미지 회전 등이 있다. 전처리가 완료된 이미지에서 OCR 알고리즘을 통해 텍스트 영역을 감지 및 텍스트 추출을 한다. 이렇게 추출된 결과를 사용자의 요구에 맞추기 위해 JSON 포맷 지정을 지정하고 정확도를 향상시키기 위해 특정 항목의 패턴을 추가로 적용하여 데이터를 보강하는 등 후처리를 통하여 데이터화 한다.

이렇게 전처리 및 후처리가 적용된 결과물은 기술의 발전에 따라 정확도가 상승했지만 한계는 존재했다. 정확도가 상승하였지만 여전히 100%의 정확도를 보일 수는 없으며, 전처리 시 노이즈 처리의 한계(사진이나 스캔본의 경우 심각한 노이즈 발생 시 전처리의 노이즈 처리에서 한계를 보일 수밖에 없음), 다양한 글꼴 및 언어 처리 등과 같은 상황 발생 시 텍스트 감지와 인식의 어려움이 존재했고, 해당 데이터를 활용하기에는 신뢰도가 낮아 바로 사용할 수 없었다.

이러한 OCR의 한계를 극복하기 위해 AI의 기술들을 접목한 신기술들이 등장하게 된다. AI 기술의 발전하여 기계 학습과 딥러닝의 기술이 OCR에도 활용할 수 있게 되었고 OCR 기술에도 새로운 가능성이 열리게 되었다.

　기존 OCR은 사람이 직접 텍스트 이미지의 모양, 크기, 형태 등을 분석하여 문자의 특징과 패턴을 정의해야 했다. 이를 바탕으로 텍스트의 규칙과 템플릿을 사람이 직접 수동으로 구현해야 했다. 즉, 미리 구현되지 않은 글꼴, 크기 등을 대응하기에는 어려움이 있어 정확도와 신뢰성이 떨어졌다. 하지만 AI OCR은 기계 학습과 딥러닝을 사용하여 자동으로 학습한다. 다량의 이미지 데이터를 통해 스스로 이미지에서 특징을 추출하고 시퀀스 데이터를 처리하여 문자 인식과 추출 작업을 수행한다. 이렇게 학습된 AI OCR은 작업 수행 시 학습한 특징과 패턴을 기반으로 대상 이미지에서 텍스트를 인식하고 텍스트 데이터를 추출한다. 다량의 이미지 데이터와 해당 이미지의 텍스트 정보(레이블)만 있으면 스스로 학습을 한다는 것이다. 그 후 텍스트의 선 길이, 각도, 모양 등 다양한 특징을 추상화하고 계층적으로 인식하는 방식으로 패턴을 학습한다. 기존 OCR은 사람이 직접 모든 문자들의 패턴과 특징을 분석해야 했지만, AI OCR은 다량의 데이터만 있으면 스스로 학습을 할 수 있기 때문에 텍스트의 다양한 글꼴 및 크기 등에 대응성이 좋고 다국어 지원이 용이하다.

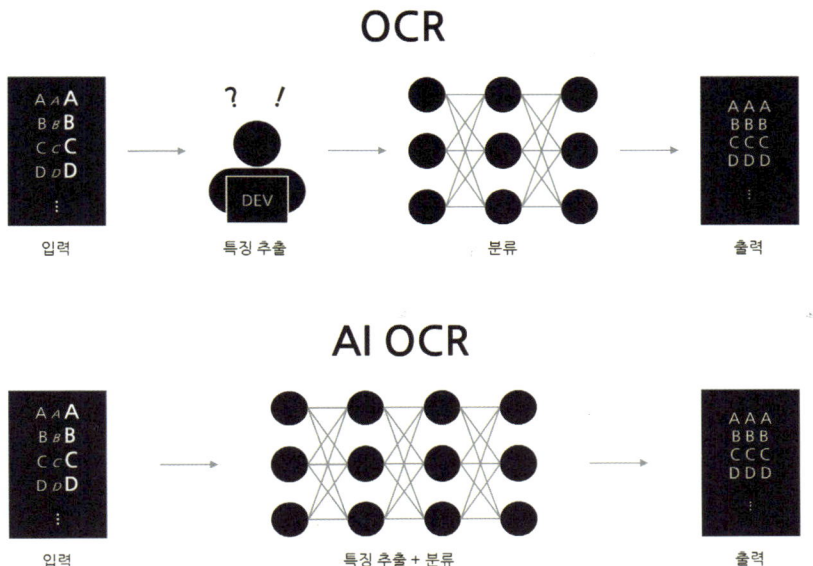

5.2 AI OCR 적용 기술

AI OCR 기술은 데이터 학습 이미지 전처리, 텍스트 감지, 텍스트 인식, 학습 데이터 보강 등 다양한 기술로 구성되어 있다.

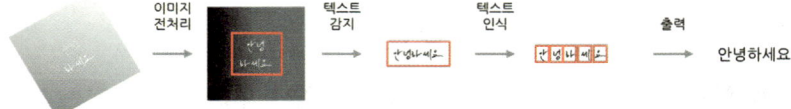

데이터 학습에는 딥러닝을 사용한다. 기존 OCR과는 다르게 사람이 특징을 추출하지 않고 자동으로 텍스트의 특징을 추출하고 학습한다. 인공 신경망을 사용하여 계층적 특징을 추출하고 문자 인식을 수행한다. 간단한 예시로는 이미지 내의 픽셀 값이나 선 길이, 방향 등과 같은 특징을 추출하는 낮은 계층을 수행한 다음, 이미지 내의 텍스트 영역과 문자의 경계 등을 추출하는 높은 계층을 수행 문자 인식을 수행하는 등이 있다. CNN(Convolutional Neural Networks)을 사용하여 텍스트 이미지에서 특징을 추출하고, RNN(Recurrent Neural Networks)으로 시퀀스 데이터를 처리하여 컨텍스트 정보를 활용한다.

이미지 전처리에는 입력 이미지를 효율적으로 처리하기 위해 크기 조정, 이진화, 정규화 등의 기술을 사용한다. 이를 통해 이미지의 품질을 개선하고 인식 정확도를 높인다.

텍스트 감지에는 이미지 내의 텍스트 영역을 감지하는 기술로 Object Detection 알고리즘이나 Edge Detection 알고리즘을 사용한다. 텍스트 영역을 찾아 이후의 텍스트 인식 단계에 활용한다.

텍스트 인식을 위해서 텍스트 영역을 분석하고 그 영역의 문자를 인식한다. 이때 기계 학습과 통계 기술을 결합한 OCR 알고리즘을 사용하여 문자를 인식한다.

또한 학습 데이터의 양을 보완하기 위해 학습 데이터를 다양한 방식으로 변환한다. 데이터 세트를 보강하여 모델 일반화를 향상하고 과적합을 방지한다.

 이러한 과정을 통해 텍스트 인식의 정확성과 성능이 향상되고 기술의 발전함에 따라 학습의 속도와 OCR 정확성의 향상을 기대할 수 있다. 이로 인해 OCR의 결과로 나온 데이터를 활용하여 더 효율적인 RPA와의 연계가 이루어질 수 있다.

6

RPA 도입 시 고려 사항

6.1 RPA 도입 전 고려 사항

RPA 도입을 위해서는 많은 부분을 확인하고 검증하여야 한다. 사람이 직접 수행하던 업무를 자동화하게 되면 업무 프로세스가 그대로 자동화될 수도 있고 RPA 프로그램에 맞게 변경될 수도 있다. 또한 현재 구축해 놓은 자사 시스템과의 호환성도 검토해야 할 것이고 자동화하고자 하는 업무가 자동화에 맞지 않는 업무인지도 검증이 필요하다.

다음은 RPA를 도입하기 전 많은 업체에서 확인하고 검증한 고려 사항들에 대해 정리한 것이다.

6.1.1. Pilot 프로젝트의 중요성

파일럿 프로젝트를 하는 이유 중 가장 많은 부분을 차지한다. 기업에서 미리 사전 조사를 하고 필요하다고 생각하는 기술이 있으면 RPA 툴 업체 수 상관없이 파일럿 프로젝트 기간 동안 확인한다. 또는 RPA 프로젝트를 진행하기 위해 구축할 업무를 선택하여 하나의 솔루션을 정해 두고 자동화 테스트를 할 업무를 선정한다. 이렇게 진행하는 이유는 결국 채택한 툴에서 해당 업무에 적용할 기술을 가지고 있는지 확인하기 위한 절차다.

 - RPA 솔루션의 기능 확인
 - 기업 정책과 RPA 솔루션 간의 충돌
 - 지속적인 관리 및 확장성에 대한 고려

- 관계자 이해 교육 및 외부 영향에 대한 대처 준비

해당 부분을 왜 고려해야 하는지, 고려하지 않았을 때는 어떤 상황이 발생하는지 확인해 보자.

6.1.2. RPA 솔루션 기능 확인

파일럿 프로젝트를 하는 이유 중 가장 많은 부분을 차지한다. 기업에서 미리 사전 조사를 하고 필요하다고 생각하는 기술이 있으면 RPA 툴 업체 수 상관없이 파일럿 프로젝트 기간 동안 확인한다. 또는 RPA 프로젝트를 진행하기 위해 구축할 업무를 선택하여 하나의 솔루션을 정해두고 자동화 테스트를 할 업무를 선정한다. 이렇게 진행하는 이유는 결국 채택한 툴에서 해당 업무에 적용할 기술을 가지고 있는지 확인하기 위한 절차다.

6.1.3. 기업 정책과 RPA 솔루션 간의 충돌

기능 못지않게 파일럿 프로젝트 단계에서 중요한 것은 프로세스와 환경 세팅이다.

보통 PoC 단계에서 기업의 사내 정책이 적용된 PC에 설치까지 하지 않고 프로젝트에 투입된 엔지니어의 PC에서 확인할 기능 사용 가능 여부까지만 체크하거나 기업 내부에서 직접 해야 하는 업무가 아니면 견적 확인 시 텍스트로만 가능 여부만 확인하는 경우가 대부분이다. PoC 단계에서 설치를 진행하지 않았기 때문에 Pilot 프로젝트를 시작하기 전에 여유 시간을 가지고 RPA 툴을 설치하기를 추천한다.

또한 툴 설치 부분이나 PC 환경에서 문제가 발생하는 경우도 있다. 관공서에서 설치에 적합한 PC 환경에 대하여 가이드라인을 세워 안내했지만, 사내의 정책으로 인해 가이드했던 스펙과 다른 PC 환경이 세팅되어 설치 시 문제가 발생하였다. 공기업에서는 계정 별로 사내 전산 시스템에 접근할 수 있는 권한이 달라 권한을 부여하는 등 정책 및 보안 문제 해결을 위해 짧게는 며칠, 길게는 몇 주가 소요되기도 했다. 업무 정리를 아무리 잘하고 획기적인 기능을 가진 솔루션이라도 RPA는 자동화 툴이기 때문에 보안에 대해서 분명하게 짚고 넘어가야 한다. 특히 개발 환경과 운영 환경을 따로 테스트하는 경우에는 두 PC를 동일한 환경으로 맞춰야 개발 환경에 맞춘 상태에서 실제 운영에 적용할 때 문제가 발생하지 않는다. 만약 개발 환경이 없이 운영 환경에 바로 적용해야 한다면 아래와 같은 상항에 해당되는지 확인해야 한다.

- 사내 정책에서 RPA 툴 사용을 방해하는 정책이나 보안 프로그램 등이 있는지
- 업무를 수행하기 위한 세팅 완료된 환경이 없다면 RPA에 대한 적합한 환경 구축까지 세팅 완료시까지 소요 시간
- 프로젝트 시작 후 추가로 환경 세팅을 요청해도 환경 구축 담당과 원활한 업무가 가능한지

6.1.4. 지속적인 관리 및 확장성에 대한 고려

RPA 프로젝트 기간에 직원들이 자동화를 원하는 업무나 RPA 에 대해 호의적이고 좋은 결과를 보는 경우, 임원 측에서 추가로 진행시켜서 보통 업무 하나로만 끝나지 않고 자동화 작업할 업무 프로세스가 추가된다.

이처럼 추가로 예상되는 업무(확장성)와 기존에 구축해 둔 프로세스에 대한 대응(지속적인 관리)도 같이 진행하게 된다. 따라서 기업에서는 이런 상황에 맞춰 인력을 배치하여 기존 업무 관리와 신개발에 대한 대응을 해야 한다.

확장을 할 경우, 인력 배치를 크게 다음과 같은 케이스로 나뉜다.

- 프로젝트를 담당했던 엔지니어를 그대로 데려와 직접 계약
- 프로젝트를 담당한 엔지니어가 소속되어 있는 기업과 계약
- 외주 업체와 계약
- 기업 내부 인력과 프로젝트 담당했던 엔지니어가 공동으로 담당
- 기업 내부 직원

반대로 인력과 협력 직원을 고려하지 않고 확장부터 결정하여 투입 인력을 급하게 마련하거나 기존 자동화 프로세스 담당 엔지니어와의 계약 연장으로 무리하게 진행하는 경우도 있다. 이런 경우도 위의 다섯 가지 중 하나를 결정해야 하기에 상황을 충분히 고려하여 계약을 진행하길 바란다.

자동화 구축 후 관리 기간에는 해당 업무에 대한 인수인계시 업무 처리

를 중점으로 진행한다. 만약 RPA 툴을 처음 접해 본다면 추가로 툴에 대한 교육도 진행해야 한다.

6.1.5. 관계자 이해 교육 및 외부 영향에 대한 대처 준비

자동화 프로세스 구축까지 외주에서 진행하고 프로젝트 끝날 때 인수인계하기 위해 기업 담당자들이 교육 시간을 잡는다. 보통 몇 시간 정도로만 예상하고 교육 시간에 참석하지만, 막상 그 시간에는 약속한 인원의 50%도 참여하지 않고 끝나는 경우가 대부분이다. 하지만 기존의 업무 자체를 자동화 구축하는 것이다 보니 새로운 업무를 배우는 것과 RPA 툴의 사용법 두 가지를 익힌다고 생각하고 기간을 유연하게 잡아야 한다. RPA 구축을 처음 하는 기업은 쉽게 생각하고 프로젝트 기간 마지막까지 미루다가 막판에 잠깐 받으려고 한다. 교육에 참석해서도 본인의 기존 업무가 있어 제대로 참여를 하지 않는 경우가 대부분이다. 프로젝트 종료 후에 문제가 발생해야 그때부터 처음부터 하나씩 확인해 보게 된다. 의약품 회사에서도 인수인계 때 담당 직원이 모두 참여하지 않았다. 인수인계에 참여한 직원들에게 처음부터 끝까지 여러 차례에 걸쳐 내용을 전달하고 끝났지만, 프로젝트 종료 후 환경 문제가 발생하여 이를 해결하기 위해 담당 직원들이 고군분투하다 결국 재교육을 받았다. 앞서 경험이 있는 기업은 과거의 행적을 토대로 프로세스 정의부터 진행 사항 체크 및 내용을 전달 및 관리까지 진행한다. 한 건설사에서는 1차 프로젝트에서 인수인계를 제대로 받지 못하여 유지 보수 시 곤란했던 경험이 있어, 2차 프로젝트부터는 단계별로 필요한 내용을 파악하기 위해 정기적으로 회의를 하고 업무 정의를 위한 업무 담당자와의 회의에 참여하는 등 중간 과정도 함께 했고, 완료된 프로젝트에 대한 결과를 미리 예상하고 진행이 미비한 업무에 대해서는 함께 고민하기도 했다. 프로젝트에 대한 모든 히스토리를 알고 있어, 업무가 끝나도 직접 운영하는 데에 지장이 없었다.

또한 자동화를 구축을 하기 위해 기업에 처음으로 브리핑을 하여 자동화 구축할 업무를 채택할 때나 업무의 담당자들에게도 업무 정의를 위해 간단한 설명을 하는데, 이 부분에서 RPA 개념에 대해 오해를 하기도 한다. 이를 방지하기 위해 RPA에 대한 개념을 충분히 인지하고 선례를 알려야 선정된 업무를 자동화 프로세스 구축할 때에도 불편한 상황이 없게 진행하도록 해야 한다. 한 제약 회사에서 프로젝트를 진행하면서 결과물을 담당자들에게 피드백 받을 당시, 기존 업무를 진행하는 것보다 불편해도 의견을 내지 않고 넘어가는 경우도 있었다. RPA를 도입하는 이유는 기본적으로 업무 담당자의 일을 덜어주기 위해서 인데, 업무 담당자들이 이런 내색을 하지 않아 나중에 더 나은 프로세스로 수정을 하다 보니 오히려 수정하느라 손이 많이 가게 되는 경우도 있었다.

6.1.6. RPA 프로젝트 계획

업무 자동화(RPA) 프로젝트가 시작되면 크게 3가지 케이스로 시작하게 된다.

① **내부 프로젝트**: 업무 자동화를 적용하는 고객사에서 직접 프로젝트를 수행

② **의뢰 프로젝트**: 고객사에서 자동화할 업무에 대한 정보를 주어 외부 전문 업체에 의뢰하여 수행

③ **공동 프로젝트**: 고객사가 직접 개발에 참여하여 외부 전문 업체와 함께 수행

각 케이스는 각각 장점과 단점이 있으며 고객사의 RPA 역량에 맞추어 선택하게 된다. 이미 기구축된 업무 자동화 시스템이 존재하는지 혹은 도입을 추진하는 주체에서 RPA에 대한 사전 지식이 어느 정도 되는지에 따라 선택할 방법이 달라질 것이며 또한 프로젝트 성격에 따라 프로젝트 종료 후 RPA 유지 보수를 수행할 때 발생할 애로 사항들이 예측된다. 따라서 RPA를 도입하는 주체는 각 케이스의 장단점을 고려하여 프로젝트를 기획하는 것이 좋다. 다음은 각 케이스별 장단점과 이후 유지 보수에서 고려해야 할 상황들에 대해 정리한다.

- 내부 프로젝트 장단점

먼저 내부 프로젝트로 수행 시 장단점이다. 이 케이스는 RPA 시스템이 어느 정도 내부에서 사용 중인 고객사에서 진행이 용이하다. 이미 구축되어 있는 시스템이면 상대적으로 프로젝트 비용이 적게 소비될 수 있으며 자회사의 업무를 자동화하는 것이므로 상대적으로 업무에 대한 이해도가 높아 업무 분석에 들어가는 시간이 다소 적게 소요된다. 또한 RPA 시스템이 어느 정도 자리를 잡고 있는 환경에서는 내부 프로젝트를 수행한다

고 하면 이미 유지 보수를 전담하는 인력과 팀이 존재할 가능성이 크다. 그렇다면 기존에 수행하던 업무 자동화 유지 보수 체계가 있을 가능성이 크며 기존에 체계에 업무만 더하는 방식이 되어 유지 보수 체계를 처음부터 구축할 필요가 없어져 이로 인한 소요 시간이 크게 줄게 된다. 다만 업무 스크립트 작성자의 역량에 따라 전문 업체만큼의 Task 퀄리티가 나오지 않을 수 있고 개발 기간이 상대적으로 많은 시간이 소요될 수 있어 이 부분에 대해서는 사용하는 툴의 교육과 활용 극대화에 대한 노하우 축적이 더욱 필요할 수 있다.

구분	장점	단점
내부 프로젝트	· 프로젝트 비용이 상대적으로 적음 · 업무 파악이 빠르게 진행될 수 있음 · 프로젝트 종료 후 유지 보수에 대한 부담이 크지 않음	· 업무 스크립트의 퀄리티가 상대적으로 떨어질 수 있음 · RPA 경험이 떨어질 경우 개발 기간이 많이 소요됨

- 의뢰 프로젝트 장단점

다음으로 RPA 전문 업체에 의뢰를 하여 수행하는 프로젝트의 경우다. 의뢰 프로젝트는 RPA를 통한 업무 자동화 시스템을 처음 도입할 때 많이 선택하는 방식이다. RPA 프로젝트는 일반 개발 프로젝트와 많이 비교되며 사실 유사한 점이 많은 프로젝트이기도 하다. 하지만 일반 개발 프로젝트와 다른 부분도 분명 존재하기에 이를 고려하지 않고 일반 개발 프로젝트처럼 설계하고 일정을 정하게 되면 성공적인 프로젝트로 갈 확률이 많이 낮아진다. 이것을 위해 RPA 전문 업체에 처음부터 모든 것을 맡겨 시스템을 구축하게 되면 자동화 전문 컨설팅부터 구축에 이르기까지 일련의 과정들이 수월하게 진행되어 성공적인 프로젝트로 종료될 가능성을 높일 수 있다. 전문 업체에서 Task를 작성하게 되면 높은 퀄리티의 결과물을 볼 수 있으며 실사용에서는 몰랐던 프로세스의 불합리함이나 우회 혹은 대응방안들이 나와 업무의 ROI를 더욱 높일 수 있는 기회가 될 수도 있다.

다만 업무를 파악하는 데 있어서 다소 시간이 소요될 수 있으며 그만큼 실업무 담당자와 커뮤니케이션이 매우 중요하다. 프로젝트를 수행하는 전문 업체는 자동화할 업무에 대해 잘 모를 수 있으며 이로 인해 해당 업무에 대한 정확한 전달과 이해가 필요하기 때문이다. 자칫 잘못 전달된 업무 내용으로 Task가 작성되고 실전에 투입된다면 해당 업무로 인해 자동화에 대한 신뢰도 하락과 금전적인 손실로 이어질 수 있기 때문이다. 따라서 전문 업체에 의뢰하는 경우 무엇보다 업무를 담당하는 담당자와 수행사 간에 긴밀한 커뮤니케이션이 요구된다. 이러한 리스크를 줄이고자 업체 선정 시 자동화하려는 업무와 유사한 업무 혹은 시스템을 자동화한 경험이 있는지 혹은 비슷한 다른 사례를 가지고 있는지 확인하는 것도 하나의 체크 리스트가 될 수 있다. 이와는 별도로 높은 강도의 RPA 교육이 필요할 수 있으며 실전에서만 얻을 수 있는 RPA 노하우 전달이 거의 불가능하다. 고객사 측에서 향후 RPA 확산, 내재화 등을 생각하고 있고 지속적인 업무 발굴을 통해 업무 자동화에 대한 관심이 있다면 RPA에 대한 이해도가 높아야 하며 이를 위해서는 교육은 필수 요소일 수 있다. 또한 향후 유지 보수에 대한 협의가 별도로 필요하며 고객사에서 직접 관리

시에도 운영 방법에 대한 교육이 필요하다.

구분	장점	단점
의뢰 프로젝트	· Task 작성에 상대적으로 적은 시간이 소요되며 높은 퀄리티의 결과물을 보임 · 안정적이고 성공적인 프로젝트를 수행할 확률이 높음	· 업무 파악에 다소 시간이 걸릴 수 있음 · 유지 보수와 함께 진행되는 프로젝트의 경우 상대적으로 고비용의 예산이 필요 · 높은 강도의 교육이 필요하며 이에 별도의 시간이 소요됨

- 공동 프로젝트 장단점

마지막으로 공동 프로젝트를 수행하는 경우다. 이름에서 보듯이 공동 프로젝트는 내부 프로젝트와 의뢰 프로젝트를 적절히 섞은 방식으로 흔히 말하는 'RPA 내재화'를 수행하기에 매우 적합한 방식이다. 프로젝트 수행 시 RPA 전문 업체뿐만 아니라 고객사에서도 RPA를 수행할 혹은 전담할 인력이 프로젝트에 참가하여 기술 역량을 늘릴 수 있다. 프로젝트 종료 후에도 시간적으로 봤을 때 빠른 내재화가 가능하며 유지 보수의 퀄리티도 높아지는 효과를 기대할 수 있다. 고객사에서 처음 RPA를 도입하는 시점에서 향후 운영을 직접 수행할 경우 매우 유리한 방식으로 기업 내 RPA 역량 강화에도 좋은 방식이다. 다만 의뢰 프로젝트와는 다르게 Task 작성 시 교육과 함께 수행되기 때문에 상대적으로 Task 개발 기간이 더 소요되며 함께 참여하는 고객사 측 참여자의 의지와 상황에 따라 해당 시간이 더욱 길어질 수도 있다. 참여자는 개발자로 참여하는 것이 바람직하며 혹 매니저급의 인력 배치 시 프로젝트의 수행이 원활하게 진행되지 않을 소지가 있어 구성원의 선정에 심사숙고가 필요하다.

구분	장점	단점
공동 프로젝트	· 초기 도입하는 고객사에 빠른 내재화 가능 · 유지 보수 혹은 인수인계 시 빠르게 대응 가능	· Task 작성에 상대적으로 시간이 더 걸릴 수 있음 · 고객사 측에서 배치할 인력에 대한 업무 자유도 보장이 필요하며 역할 조율이 필요

6.1.7. 최적의 RPA 환경 구성이란?

RPA를 적용하는 환경은 매우 중요하다. RPA는 환경의 상황이나 변화에 민감하게 반응하기 때문에 이를 잘 관리하고 구축하는 것이 중요하다. 실제로 RPA 시스템을 구축하며 "RPA는 개복치인가요? 평소에는 잘 돌아가다가 갑자기 업무가 안 돌아가요."라는 문의를 종종 들었다. 물론 그렇지 않은 사례도 많지만 그만큼 장비나 접근하는 업무의 변화에 민감하게 반응하는 케이스가 있어 위와 같은 문의가 있는 것으로 생각된다.

RPA 업무가 동작하는 기본 원리가 화면에서 이미지를 찾아서 클릭을 하거나 특정 Object를 찾아 그 안의 데이터를 획득하는 등의 행위가 많다. 그 밖에 다른 특수 이벤트들도 마찬가지겠지만 이로 인해 동작하는 환경이 조금 달라져도 RPA는 정상적으로 동작하지 않을 확률이 높아진다. 그래서 RPA 환경 특히 봇이라 불리는 실제 업무를 수행하는 장비는 대단히 중요한 환경 구성 요소가 아닐 수 없다.

- RPA? RDA?

RPA(Robotic Process Automation)가 범용적으로 쓰이는 업무 자동화 개념의 용어라고 한다면 RDA(Robotic Desktop Automation)은 다소 생소하게 들릴 수 있는 개념이다. RPA가 자동화 업무들의 집합으로 각 업무들을 수행하는 봇들을 중앙 관리하는 개념이라고 하면 RDA는 각 사용자들의 개인 비서 개념으로 사용자의 업무를 도와주는 개념의 업무 자동화이다. 쉽게 말하면 "RPA는 업무를 전담해서 수행할 신규 직원을 채용하는 것이고, RDA는 개인의 업무를 도와줄 비서를 채용하는 것이다."라고 설명한다.

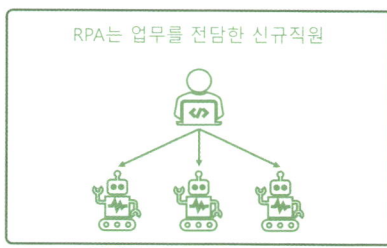

자동화 시스템 구축을 위해 가장 먼저 생각해 볼 수 있는 요인으로는 RPA로 구축할 것인지 RDA로 구축할 것인지에 대한 선택이다. 이 선택은 향후 확장성이나 적용할 업무의 성격 등에 따라서 많은 고려 사항들을 가지고 있다. 또한 이 선택에 따라 향후 유지 보수 및 업무 관리의 방향이 달라지고 향후 업무 자동화 정책의 변동이나 구성 변경, 장애 처리 등에 따른 대응 방법 등이 적용할 업체에 성격에 맞게 선택하는 것이 좋다.

RPA는 중앙 관리형 업무 자동화이기 때문에 RPA의 관리 유지 보수에 전담 인력이 필요하다. 해당 인력은 RPA에 대한 높은 이해도가 필요하며 이와 함께 각 자동화 업무에 대한 이해가 동시에 필요하다. 보통 유지 보수 혹은 전담 팀은 RPA의 이해도가 높은 반면 업무에 대한 이해도는 상대적으로 낮을 수 있어 이를 위해 업무에 대한 정의와 변경에 대한 정보를 끊임없이 실업무 담당자와 공유하며 업무 자동화를 유지해야 한다. 반면 RDA로 적용 시 업무 담당자가 업무 자동화를 개인 PC에서 직접 수행하기 때문에 Task 관리가 직접 되어야 한다. 그러다 보니 사용자가 RPA에 대한 이해도가 낮아 Task의 퀄리티가 다소 낮을 수 있어 안정성이 떨어질 소지가 있다. 따라서 사용자들을 대상으로 한 지속적인 RPA의 교육이 반드시 동반되어야 한다.

- 물리 장비 vs VM

자동화 환경을 구성할 때 많은 문의 중에 하나가 가상화 장비에 대한 문의이다. VM(Virtual Machine)이나 VDI 환경에 관리 서버나 봇을 설치해도 되느냐는 문의들인데 결론부터 말하자면 "설치는 가능하다"이다. RPA 솔루션들의 기본 환경은 대부분의 사용자 장비들의 OS인 Windows 기반에서 동작한다. 따라서 봇은 기본적으로 윈도우에서의 동작에 초점이 맞춰져 있다. 그러니 대부분의 윈도우 환경에서는 RPA 구축이 가능하다.

하지만 물리 장비와 VM 여부와는 별개로 반드시 확인해야 하는 사항이 있는데 바로 OS 로그인과 세션의 관리 방법이다. 보통 사용자는 업무를 수행하기 전 OS가 잠겨 있는 상황에서는 업무를 수행할 수 없어 계정 정보를 입력하여 활성화 이후 업무를 수행한다. RPA 또한 이와 다르지 않아 잠겨 있는 화면에서는 이미지를 찾아 클릭 혹은 특정 프로그램을 실행하는 행위를 하기 전 OS가 잠겨 있다면 업무를 진행할 수 없다. 따라서 업무를 수행하기 전 잠금 해제나 화면 보호기 등을 해제하는 방법과 솔루션에서 제공되는 자동 로그인이 정상적으로 되는지에 대한 확인이 무척 중요하다. 이는 물리 장비에서의 해제 방법과 각 VM(VM, VDI 및 상용 가상화 기술 모두 포함)에서의 해제 방법이 다를 수 있으며 각 봇들을 관리하는 방식에 따라 달라질 수 있다. 혹은 자동화 시스템을 적용할 업체의 보안 정책에 따라서도 달라질 수 있다.

또한 로그인하는 방식에 따라 디스플레이 정보가 변경되는 상황에 대한 대처 방안도 고려 사항 중에 하나이다. Window OS는 기본적으로 Console 세션을 가지고 있으며 이를 통해 화면을 송출하여 모니터에 디스플레이 한다. 하지만 Window에서 기본 제공하는 '원격 데스크톱 연결(RDP)' 방식으로 로그인 시에는 RDP 세션이 별도로 생성되어 화면 디스플레이 정보가 해당 세션으로 송출되고 세션 연결 해제 시 화면에 대한 정보도 사라지게 된다. 화면 디스플레이 정보는 RPA가 업무를 수행할 때 매우 중요한 정보이다. 특히 이미지 패턴 매칭 기술로 업무를 수행할 경우 화면에 대한 정보가 없으면 매칭할 이미지가 없기 때문에 업무는 무조건 실패할 것이다. 물론 몇몇 원격 접속 프로그램들은 이와 같이 원격 세션이 신규로 발생하지 않고 Console 세션의 정보를 그대로 가져와 송출하기도 한다. 하지만 업무 자동화를 적용하는 업체에서 향후 장비들을 관리할 시 해당 장비에 접속하는 방식이나 사용할 프로그램에 대한 정의는 업체마다 다를 수 있기 때문에 RPA가 화면 정보 취득을 안정적으로 할 수 있도록 관리 방법에 대한 정의도 함께 동반되어야 한다.

따서 위의 언급된 사항(OS 접속 방법, RPA에서 화면 정보의 안정적인 취득 등)을 검토하며 VM으로 환경을 구성해도 되는지 물리 장비를 도입할 것인지에 대해 고민해 보는 것이 필요하다.

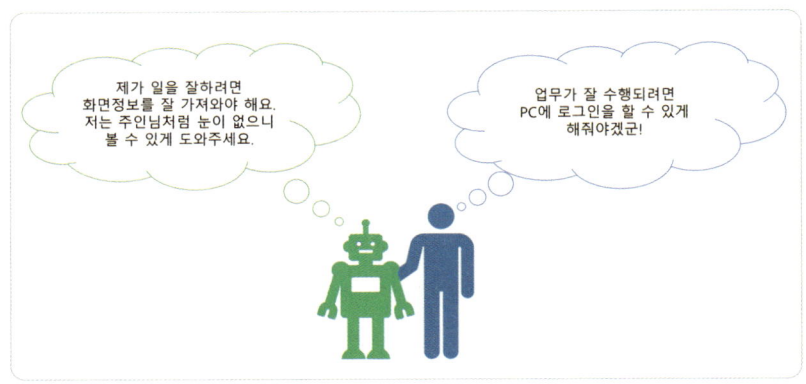

- 보안 프로그램에 대하여

현대 사회에서 생활의 많은 부분이 디지털화되고 시스템화 되면서 중요하고 민감한 정보들을 취급하는 기업이나 시스템들이 많아졌다. 그러다 보니 기업이나 시스템들은 모두 앞다투어 보안에 관심을 가지며 많은 투자가 이루어지고 있다. 장비 간 네트워크 보안, 업무용 PC의 보안, 유출 정보 감지, 문서 암호화 등등 보안의 종류와 많은 보안 영역이 생겨나면서 기업은 많은 보안 솔루션을 도입하는 등 보안에 힘쓰고 있다. 그리고 여기서 보안 솔루션들과 RPA 솔루션들 간에 갈등이 시작된다.

　보안 프로그램은 RPA 프로그램들이 굉장히 신경 쓰일 수밖에 없다. 사용자가 실행하지 않은 프로그램이 자동으로 실행되고 화면의 데이터가 자동으로 취득되어 문서가 만들어지는 등 동작하는 것이 마치 해킹에 의해 사용자 PC가 자동으로 움직이는 것처럼 보일 수 있기 때문이다. 이로 인해 RPA 프로그램에서 하는 행위들이 보안 프로그램에서 감시하는 대상에 포함되어 보안 프로그램에서 보기에는 RPA 프로그램이 마치 악성 불법 프로그램으로 보일 수도 있다. 다방면으로 확인 결과 보안 프로그램에서(정확하게는 보안 정책) 파일에 이벤트 발생 시 검사 혹은 검열을 하는 정책이 적용되어 있었는데 RPA 프로그램에서 업무 수행 중 발생하는 temp성 파일에 대해 감시가 지속적으로 이루어지는 것을 발견할 수 있다. 검사가 빠르게 종료될 시에는 문제없이 업무가 수행이 되지만 검사가 지체되면 RPA 업무 수행이 지체되며 Timeout이 발생하고 업무가 지연되거나 실패하는 현상이었다. 결국 해당 현상은 보안 프로그램에서 RPA 프로그램을 예외 처리하자 해소가 되는 케이스가 있었다.

　이 밖에도 문서 암호화로 인해 RPA프로그램에서 파일을 읽지 못하는 현상, 네트워크 방화벽에 의해 SMTP 메일 서버에 접속이 안 되는 현상, 캡처 방지에 의한 이미지 매칭 실패 등 RPA에서 사용하는 많은 이벤트들이 보안과 충돌할 가능성이 높다. 하지만 중요한 것은 RPA 프로그램들은 사용자의 의지와 명령에 따라 업무를 수행하는 것이지 결코 불법 프로그램이 아니라는 것이다. 그리고 RPA 프로그램은 해킹 프로그램이 아니기 때문에 보안 프로그램을 우회하거나 뚫고 들어갈 수 없다. (만약 그런 일이 발생한다면 보안 프로그램의 검증이 필요하지 않을까?) 따라서 업무 자동화 시스템 환경 구축 시 보안프로그램의 정책 확인과 RPA 프로그램과의 충돌 가능성 검증, 예외 가능성에 대한 검토가 필요하다.

6.2 RPA 프로젝트 시작!

6.2.1. 업무 협의의 중요성

기존의 업무를 자동화하려면 사전에 업무 담당자와 RPA 엔지니어, 그리고 IT 부서 협력 직원 간의 업무 협의가 중요한 부분이다.

다음과 같은 경우를 프로젝트 동안 얼마나 지키느냐에 따라 원만하게 마무리 지을 수 있는지 결정된다.

· 보안 등 PC의 환경 설정이 RPA를 실행해도 무방한지
· 업무 규칙에 따라 누락된 내용 없이 조건별로 협의되었는지
· 협의 내용 검토 후 변경 및 추가, 삭제할 내용이 없는지

· RPA 엔지니어가 협의한 내용을 그대로 자동화 구축하는지
· 프로세스 및 결과물에 대해 업무 담당자와 IT 부서 협력 직원의 입장에서 납득 가능한지

업무 자동화(RPA) 프로젝트가 시작되고 업무 협의 내용이 변경되는 경우가 크게 4가지 케이스로 시작하게 된다.

· 재개발 및 추가 개발: 개발 완료 및 운영 적용 시 결과물을 확인한 업무 담당자나 IT 관련 부서에서 단순 변심 및 적합하지 않는 프로세스라고 판단한 경우
· 업무 협의 내용 누락 건 보완: 개발 완료 및 운영 적용 시 결과물을 확인한 업무 담당자가 업무 협의 내용 관계없이 자동화 프로세스에서 빠진 내용이 있다고 판단된 경우
· 업무 변경: 협의했던 내용과 상황이 달라져 채택된 업무를 수행할 수 없는 경우
· RPA 정의 혼돈: 고객사에서 RPA에 대한 오해를 하는 경우

각 케이스는 각각 장점과 단점이 있으며 고객사의 RPA 역량에 맞추어 선택을 하게 된다.

- 재개발 및 추가 개발

공공 기관에서 진행하던 예약 자동화 프로세스였다. 기존에 업무 담당자가 사내 전산 시스템에 있는 예약 요청 데이터를 토대로 예약을 진행했다. 다만 사내 전산 시스템에서 필터링이 제대로 되지 않았고, 업무 담당

자는 시스템 담당자에게 필터링 개선 요청을 하지 않고 업무를 진행하고 있었다. 해당 부분은 프로젝트 일정상 자동화하기 어렵다고 판단되어 예약 대상 데이터에 대한 필터링 없이 예약 요청 데이터를 전부 예약하도록 하고, 예약 결과에 대해서는 업무 담당자에게 전달하거나 사내 전산 데이터를 업데이트하지 않고 마무리하기로 업무 담당자와 RPA 엔지니어가 협의했다. 이후 개발을 완료하여 운영으로 넘어가기로 일정을 잡는 중, 사내 전산 시스템 담당자가 업무 담당자와 상의를 하여 검색 필터링을 수정할 테니 예약 대상 데이터를 조건에 맞게 가져와서 예약한 후 예약 결과를 조건별로 업데이트하는 프로세스까지 진행하자고 요청했다. 또한 필터링하기 어려운 예약 조건도 업무 담당자와 RPA 엔지니어가 합의하여 정의했던 내용을 반영할 예정이니 정산 데이터대로 예약 진행하도록 하자는 요청을 받았다. 결국 일주일 동안 기존 프로세스 앞부분에 조건에 맞는 데이터 가져와서 뒷부분에 예약 결과 업데이트하도록 프로세스 추가하고, 예약하는 조건도 협의된 명칭이 아닌 사내 전산 시스템에 있는 데이터 그대로 예약할 수 있게 프로세스를 재정의하고 기존 개발 건에 추가 개발이 진행되었다.

- 업무 협의 내용 누락 건 보완

제약 회사에서 RPA 프로세스 구축 시 RPA 엔지니어가 업무 담당자에게 자동화 업무 프로세스 확정 내용을 업무 정의서로 전달하기로 확정을 짓고 프로젝트에 착수했다. RPA 엔지니어가 자동화 작업 및 업무 담당자와 협의한 내용을 업무 담당 부서장에게 확인받기 위해 지속적으로 업무 정의서를 업데이트했다. 자동화 작업이 완료될 때까지 업무 담당자에게 결과 확인도 수차례 요청했다. 개발 완료 후 운영에 올려 여러 차례에 걸쳐 안정화 작업을 하며 마무리하던 기간이었다. 업무 담당 부서장이 결과를 확인 후 RPA 엔지니어에게 평소에 하던 업무 결과와 달라 업무를 수정해야 한다고 주장했다. 업무 담당 부서장이 업무 정의서를 제대로 확인하지 못해 일어난 해프닝이었다.

결국 업무 담당자의 주장대로 진행하기 위해 기존 프로세스를 수정하며 기존 개발 건도 재개발하여 운영에서 여러 차례 테스트를 진행하였다.

- 업무 변경

공기업에서 진행하려 했던 업무 중에 풀지 못하는 보안 문제로 인해 필요한 데이터 복사 작업이 어려운 경우가 있었다. 업무 담당 부서와 보안 관련 부서와 미팅을 하여 해당 업무에 필요한 DB 정보 전달받기로 협의하였다. DB 정보를 제공받기로 하고 3주 가까이 대기했지만 제공받기로 한 DB 정보는 결국 전례 없는 경우로 반려되었다. 남아 있는 프로젝트 기간이 길지 않아 급하게 다음 프로젝트에서 진행하려던 다른 업무를 착수하게 되었다.

3주 가까이 기간을 소비하여 프로젝트 계약 기간도 늘어났고, 업무 담당 부서의 업무량이 적은 기간에 착수했었지만 개발 기간이 뒤로 밀리면서 업무 담당 부서의 업무량이 과중되어 업무 협의하는 과정이 순탄하지 않았다.

- RPA 정의 혼돈

이와 같은 경우에는 결국 RPA 엔지니어가 요청 사항을 반영할 수밖에 없다. 업무 협의 시 사항들을 충분히 고려하여 개발 기간이 연장되거나 로직을 바꾸는 등의 사태가 발생하지 않도록 항상 염두에 두어야 한다.

보통 업무 자동화 프로세스 구축을 완료한 후 업무를 인수인계하는데, 이때 인수인계를 받는 IT 관련 부서 담당자들이 RPA 자체가 굉장히 간단하고 쉽게 할 수 있다고 받아들여 인수인계 시 귀담아 듣지 않는 경우가 많다.

하지만 프로젝트로 프로세스를 구축한다는 것은 엄연히 기존에 직원이 하고 있는 업무를 반영한 프로세스라서 업무에 대한 내용과 히스토리를 알아야 하고, 기술적으로도 프로세스가 어떻게 구성되어 업무를 처리하는지 흐름을 아는 등 결코 쉬운 업무는 아니다. 결국 인수인계를 흐지부지 마무리하고 본격적으로 업무를 넘기면 그때서야 오류 및 예외 사항에 대한 문의가 들어온다. 그때서야 RPA 유지 보수 담당자들은 RPA를 투입한 것은 업무 담당자의 업무를 최대한 반영하여 자동화하기 위함이지, RPA 자체는 결코 만만한 것이 아니었다는 것을 깨닫게 된다.

프로젝트 기간에 2회에 걸쳐 인수인계를 했지만 그동안에는 본인이 기존에 담당한 업무를 하느라 바빠 확인 절차를 다른 직원에게 위임하고 추후에 엔지니어가 철수하고 나서야 예외 사항 및 유지 보수 사항에 대해 문의뿐만 아니라 기초적인 툴 사용법에 대해서도 물어보는 경우가 있었다.

앞서 사례와 같은 경우에는 결국 RPA 엔지니어가 요청 사항을 반영하여 수정 작업을 착수하는 수밖에 없다. 업무 협의 시 사항들을 충분히 고려하여 개발 기간이 연장되거나 로직을 바꾸는 등의 사태가 발생하지 않도록 항상 염두에 두어야 한다.

6.2.2. 심플한 Task가 가장 좋은 Task다

"왜 심플한 Task가 좋은 Task인가?"라는 질문이 나올 수 있다. RPA 수행 Task를 개발하다 보면 다양한 예외 상황을 처리하기 위해 많은 분기 처리 등 들어가 자동적으로 복잡해지기 때문이다. 하지만 여기서 말하는 심플한 Task란 동일한 반복적인 구간 등을 별도로 구성하여 Task 내에 동일한 반복적인 내용이 별도의 모듈들로 정리가 될 수 있게 만드는 것이 중요하다. 즉 Task 파일 자체를 심플하고 체계적으로 만드는 것이다. 하지만 위의 내용처럼 만들기 위해서는 해당 업무에 대한 이해도와 파악이 가장 중요하다.

심플한 Task를 만들게 되면 두 가지의 큰 이점이 있다.

- 유지 보수하기가 쉬워진다

심플한 Task에서 이 내용이 가장 중요하다. Task가 단순해지고 심플해질수록 보수가 필요한 Task의 수정이 간편해지기 때문이다. 한 예로 AA 건설 프로젝트 간 한 업무의 Task 파일의 대부분이 반복적인 내용이었다. Task 완성 후 실제 Test를 진행할 때 오류가 발생하였는데 오류 로그를 보고도 만든 당사자가 어디를 수정해야 되는지 파악하는 시간이 오래 걸렸으며, 또한 한 군데만 수정해서 해결되는 것이 아닌 똑같이 만든 부분을 전부 수정해야 되는 결과를 보여 주었다.

이와 같이 동일한 반복적인 구문이 지속적으로 있게 되면 유지 보수가 필요할 경우 해당 반복적인 부분의 위치를 파악하고 위치를 찾아가 전부 다 수정해야 되는 일이 발생하게 된다. 사람이 작업을 해야 하는 부분이라 사람의 실수로 인하여 동일한 문제가 발생할 가능성이 매우 높다.

- 해당 업무에 대한 인수인계가 빨라진다

프로젝트 종료 일정이 다가왔을 때 마지막 진행은 개발 담당자가 업무 담당자에게 Task 인수인계의 작업이다. 인수인계 작업을 할 때 가장 중요한 건 Task의 구조를 얼마나 빠르게 인계자에게 정보를 전달하고 인계자가 해당 정보를 얼마나 정확하게 인식하느냐가 중요하다. Task가 복잡해지면 복잡해질수록 인수자가 인계자에게 넘겨야 하는 정보의 양이 많이지게 될 것이고 또한 인계자는 반복적으로 확인을 진행하게 되어 인수인계 속도가 더뎌지게 될 것이다. 한 예로 너무 복잡한 스크립트다 보니 인수인계 중 인계자가 이벤트마다 번호를 만들어 달라는 요청이 있었다. 동일한 이벤트이고 동일한 이벤트명이다 보니 오류 로그 분석할 때 힘들 거 같으며 프로세스 정리 문서화 비교하기가 너무 힘들다는 것이 그 이유였다. 인수인계 중 추가적으로 번호 작업을 하다 보니 인수인계 작업이 지연이 발생한 적이 있었다.

또한 예로는 인수자가 인계자에게 Task를 설명하다 Task를 수행하였는데 오류가 발생하여 인수자가 수정을 해야 하는 일이 있었다. 문제는 인수자가 자기가 개발한 Task이지만 동일한 반복 구간을 Task 안에 여러 군데 두어 수정 후 플레이할 때마다 오류가 발생한 일이 있었다. 이유는 동일한 이벤트명에 동일한 반복 구간이다 보니 인수자가 정확하게 전부

다 수정을 하지 못하여 발생하는 문제였다. 이런 문제는 사소한 문제였지만 가장 큰 문제는 개발 언어로 개발된 부분이었다. 인수자가 개발 언어로 개발된 부분을 수정을 해야 하는데 복잡하게 만들어지다 보니 개발자 본인도 어느 부분을 수정을 해야 하는지 잊어버리는 문제도 있었다. 이러한 문제로 인하여 인수인계의 지연이 발생하는 경우가 발생하는 경우가 있다.

- 그럼 왜 이 같은 복잡한 Task가 만들어지는가?

이와 같은 복잡한 Task가 만들어지게 되는 이유는 담당자와 개발자 간의 업무 협의가 제대로 진행이 되지 못했을 경우 이다. 즉 개발 중간중간 새로운 업무의 추가가 있을 수 있고 아니면 업무 정의가 제대로 되지 않아 개발 완료 후 테스트 중 업무 정의에 포함되어 있지 않는 예외 사항이 발견되어 추가 되면서 복잡해지는 Task가 만들어지게 되는 것이다. 이렇게 만들어지는 Task는 복잡성도 복잡성이지만 Task 개발 히스토리를 담당자와 개발자 모두 잊어버리는 경우가 발생할 수도 있게 된다.

많은 Task가 개발 과정에서는 문제가 발생하지 않는 경우가 있다. 실운영에 들어가기 전 Test 단계에서 대부분의 문제가 발생한다. 개발 과정에선 제한된 환경에서의 Test를 진행하다 보니 오류에 대한 처리가 미흡하게 개발이 되었을 가능성이 매우 높다. 그렇게 만들어진 Task를 실운영에 들어가기 전 Test 단계에서 발생된 오류에 대하여 땜빵식 처리가 되기 때문에 복잡해지는 것은 당연하다.

마지막으로 Task 개발자의 개발 실력이다. 경험이 많은 Task 개발자와 초보 Task 개발자의 차이를 보면 경험이 많은 Task 개발자는 실패를 염

두로 두고 예외 처리를 만들며 개발을 진행하게 된다. 반면 초보 Task 개발자의 경우 업무 프로세스 정의대로 일자 구조로 만들고 그 이후 테스트하면서 추가적인 내용들이 들어가 Task의 복잡성이 증가하게 된다.

결론적으로 말하면 심플한 Task를 만들기 위해서는 Task 개발 시작 전 업무 정의가 정확하게 이루어져야 하며 Task 개발자가 업무 정의를 보고 개발 프로세스를 꼼꼼하게 새워야 한다. 심플한 Task는 자기가 개발 중 수정 사항이 나왔을 때 수정하고 수정에 대한 테스트의 시간이 줄어들게 되며 완성된 Task는 개발자 본인뿐만 아니라 추후에 있을 유지 보수 관리자 또는 해당 Task를 처음 접하는 관리자에게도 해당 Task의 정보를 빠르게 전달할 수 있는 장점이 있다.

6.3 RPA의 완성

RPA 프로젝트 완성은 업무 담당자의 요청 사항이 반영된 RPA 프로그램이 생성된 것이다. 그렇다면, 업무 담당자의 요청 사항이 반영된 RPA 프로그램이 완성되었다면 RPA 프로젝트가 성공적으로 완료되었다고 표현할 수 있을까? RPA 프로젝트가 성공적으로 끝나는 것은 프로그램의 완성으로 끝나는 것이 아닌, 완성된 RPA 프로그램을 지속해서 사용하는 것이다. 업무 담당자의 요청이 반영된 RPA 프로그램 완성 후 RPA의 지속적인 사용과 활용을 위해 진행되어야 하는 작업의 중요성에 대한 내용을 정리한 것이다.

6.3.1. RPA 테스트의 중요성

RPA 테스트는 RPA의 지속적인 사용과 활용을 위해서 보장되어야 할 안정성, 신뢰성, 정확성, 신속성을 높이기 위한 과정 중 하나이다. 하지만, RPA 테스트를 진행하는 이유는 완벽한 RPA를 구축하여 완벽하게 인간을 대체하려는 것이 아니라는 점을 알아야 한다. RPA의 기능의 구현을 확인하고 업무를 실 환경에서 진행하기 이전에 오류를 발견하는 것이다. 오류 수정을 통해 추후 생길 수 있는 이슈 사항을 줄일 수 있다. RPA 수행 실패 확률을 낮출 수 있는 테스트의 방식은 테스트를 진행하는 환경, 기간, 방법에 따라 나눌 수 있다.

- 테스트 환경

RPA 테스트의 방식의 방식에는 운영 환경 테스트와 테스트 서버 테스트가 있다. 테스트 서버에서 진행하게 된다면, RPA 프로그램의 수행 시간과 수행 횟수, 수행 결과가 실제 데이터에는 영향을 주지 않기 때문에 많은 테스트를 진행하여 RPA의 안정성을 높일 수 있다는 장점이 있다. 하지만, RPA 테스트 환경과 운영 환경이 상이하게 되어 실제 운영 환경에서 RPA 프로그램을 수행 시 수행 실패가 발생할 수 있다. 그러므로 RPA 테스트 환경과 운영 환경을 동일하게 만든 뒤 테스트하는 것이 중요하다. 또한, 테스트 서버에서 테스트 진행만으로 RPA 테스트를 완료 짓는 것이 아니라, 실제 운영 환경에서도 진행하는 기간도 필요하다.

운영 환경 테스트란 실제 운영되는 환경에서 RPA 테스트를 진행하는 것이다. 실제 운영되는 환경에서 테스트를 진행하기 때문에, 따로 테스트 서버를 생성하지 않고 테스트 서버 테스트 기간을 갖지 않는다는 장점이 있다. 하지만, 실제 운영되는 환경에서 테스트를 진행하기 때문에 RPA 프로그램의 수행 시간, 수행 횟수, 수행 결과가 실제 데이터에 영향을 주기 때문에 많은 테스트를 진행하지 못할 수도 있다. 이런 상황의 경우 테스트 기간을 길게 잡은 후 충분한 테스트 이후에 실제 사용하는 것을 추천하지만 테스트 기간을 길게 잡는 것이 어렵다면 추후 RPA 운영 팀에서 수정 및 복구를 위해 들이는 시간이 늘어 업무 가중도가 늘어나게 될 것이다.

- 테스트 기간

RPA 테스트의 경우 테스트 기간이 길수록 예외 상황을 더 많이 확인하여, 안정성을 높일 수 있다. RPA 테스트 기간이 길수록 RPA의 완성도가 높아진다는 사실을 알고는 있지만 현실적으로 프로젝트 기간이 짧아 테스트 기간 또한 짧을 수도 있다. 또한, 일부 업무의 경우 특정 기간의 특정 시간에서만 수행되는 업무여서 RPA 테스트 기간은 길지만, 테스트 횟수에 제약이 있어 실제 테스트 기간은 짧을 수도 있다. 이러한 경우, RPA의 고도화 작업 진행에 차질이 있어 해당 업무를 실제 운영 시 RPA의 안정성이 떨어지게 되어 수행 실패가 많아질 수 있다. 안정성이 떨어지다 보면, 업무 담당자 또한 RPA 프로그램에 대한 신뢰성을 잃어 RPA 프로그램에게 믿고 업무를 맡길 수 없어 사용하지 않게 될 수도 있음을 명심

해야 한다.

- 테스트 방법

테스트 방법에는 크게 단위 테스트, 통합 테스트, 정기 테스트가 있다. RPA에서 단위 테스트란 TASK를 전체 수행하는 것이 아닌, 이벤트를 부분적으로 수행하는 것을 말한다. 단위 테스트의 경우 RPA 개발을 진행하며, 해당 이벤트가 동작 확인을 위해 부분적으로 진행을 하였을 것이다. RPA 완성 이후 단위 테스트는 오류가 자주 발생할 수 있는 부분을 테스트를 진행하여 예외 처리를 추가를 하거나 테스트 도중 오류가 발생한 부분을 수정 후 부분적으로 테스트하는 것이다. 또한, RPA 완성 이후 단위 테스트에서는 필요 이상으로 시간을 차지하는 구간이 있다면 해당 이벤트 또는 프로세스를 수정하여 RPA의 수행 시간을 절감하여 ROI를 높여 RPA의 신속성을 높일 수 있다. 하지만, 다양한 이벤트로 구성된

RPA의 경우, 단위 테스트만으로 RPA가 정상적으로 동작한다고 판단할 수 없다.

그래서 여러 작업 단위가 연계된 전체 흐름에 대한 테스트인 통합 테스트를 진행해야 한다. 특히, 테스트 초반에는 통합 테스트를 반복하여, 완성된 RPA가 업무 담당자의 업무를 대체할 수 있는지를 테스트해 봐야 한다. RPA가 동작하는 PC에서 갑작스럽게 발생하는 팝업 창, 프로그램 종료, 인터넷 속도 저하와 같은 이벤트 등을 대비한 예외 처리를 해결하는 작업을 해줘야 한다. 통합 테스트 반복을 통해 RPA 품질이 개선되었다면, RPA 프로그램은 RPA를 구성하였을 때의 환경과 변함없이 동일하면 이상 없이 동작할 것이다.

그러나 RPA에 익숙해질 때쯤 사용자가 RPA 사용 규칙을 지키지 않거나 RPA 프로세스에서 사용되는 프로그램, 사이트 등의 변화로 오류가 발생하는 경우를 대비한 테스트 방식이 정기 테스트다. 정기 테스트란, 기한을 정해 놓고 정기적으로 테스트를 하여 RPA가 정상적으로 동작하고 있는지 추가할 부분은 없는지 테스트하는 방식 중 하나이다. RPA 도입 이후, RPA 업무에 너무 익숙해진 담당자는 RPA 수행 결과물을 확인하지 않고, 운영 팀에서는 정기 테스트를 진행하지 않아 RPA 업무가 잘못 돌고 있으나 확인이 늦었던 사례도 있었다.

6.3.2. RPA 교육이 왜 중요한가?

RPA 교육은 추후 RPA 내재화를 위해 필수 요소이다. RPA 교육을 3가지로 나눠서 해당 교육에서 필요한 내용과 중요성에 대한 내용을 다룬 내용이다.

- RPA 활용 교육

RPA가 익숙하지 않은 직원들은 RPA라는 프로그램이 사람을 어떻게 대체할 수 있는지 모를 것이다. 때문에, 어떤 업무에 사용될 수 있는지, 어떻게 사람 대신 업무를 진행을 해 줄 수 있는지 모를 것이다. 또한, RPA 때문에 본인의 일자리, 실적 등까지를 걱정할 수도 있는 기술이다. 그러나 충분한 교육을 통해 알고 보면 단점보다는 장점이 더 많다는 걸 알 수 있는 기술이다.

RPA를 도입 전, 전 직원을 대상으로 RPA의 이점과 RPA를 구현한 사례들을 보여 주며 교육한다. 업무에서 반복해야 하는 작업을 신속하고 효율적으로 도와주는 역할을 하는 장점을 갖은 RPA를 교육을 통해, RPA 업무를 진행하면서 업무 담당자들의 협조가 이뤄질 수 있는 환경을 구성해야 한다. 또한, RPA 구현을 통해 얼마나 RPA가 업무 담당자들이 고부가 가치적 업무에 몰두할 수 있는지를 보여 준다.

RPA 활용 교육 시에는 RPA가 만능으로 모든 기술을 대체할 수 있는 것이 아니며, RPA를 적용할 경우 높은 효과를 볼 수 있는 업무를 소개한다. 이를 통해 RPA를 적용하여 더 큰 장점으로 도래할 수 있는 업무를 명확하게 밝혀서 RPA 이해를 통해 고부가 가치에 집중할 수 있는 반복 업무를 진행하는 저 부가 가치 과제를 선정할 수 있도록 교육하는 것이 중요하다.

- RPA TOOL 교육

초반 RPA TOOL 교육은 RPA를 직접 개발하고 운영할 직원을 대상으로 RPA 프로그램을 익숙해질 정도의 교육이 적절하다. 초반 RPA TOOL 교육을 통해서 간단한 업무를 직접 개발할 수 있을 정도의 능력을 키울 수 있도록 진행하며, RPA 프로그램에 대해 이해하고 다양한 예제를 통해 프로그램 내의 주로 사용되는 이벤트 툴을 사용해 보며, RPA 초반 기술을 습득하고 흥미를 높이는 것이 중요하다.

초반 RPA TOOL 교육에서 기본 TOOL 사용 방법에 대해 교육하여 RPA 개발이 익숙해질 시기에 심화 교육을 통해서, RPA 심화 프로젝트를 진행해 보며 추후 RPA의 확산이나 운영 및 유지가 가능하도록 능력을 키울 수 있는 교육을 진행한다. 예를 들어, 오류가 발생하였다면 오류 디버깅 방법과 프로그램 이상 작동 시 처리 방법 등을 해결하는 방법에 대해 알아보며, 해당 현상 발생 시 예외 처리를 추가하는 방법 등이 있다.

RPA TOOL 교육을 통해, RPA 개발팀과 RPA 운영 팀의 프로그램 이해도가 높을수록 높은 퀄리티의 프로그램이 제작되어, RPA 프로그램이 실제 운영될 때 오류 발생 확률이 낮아질 수 있다. 그리고 RPA 프로그램에 대한 이해도가 높기 때문에, 신규 과제 진행시에도 업무 분석 시간을 최소화할 수 있다. 또한 수정 작업 시에도 해당 프로그램을 이해도 또한 높아져 운영 팀이 RPA 오류 발생 시 확인 및 처리 작업의 속도 또한 빨라져 RPA 운영 팀의 업무 가중도 또한 낮아질 것이다.

- RPA 운영 교육

RPA TOOL 교육이 끝났다면, 업무 담당자와 RPA 개발자, RPA 운영 팀 모두 참석하는 RPA 운영 교육이 필요하다. RPA 개발자는 RPA 시스템 환경과 실제 구축되어 운영되는 RPA 프로세스에 대한 설명을 해야 한다. 이 과정에서 업무 담당자는 업무 프로세스가 맞는지 확인을 하여, 업무 프로세스가 잘못되어 발생하는 문제를 예방할 수 있으며 RPA 운영 팀은 추후 오류발생 시를 미리 대비하여, 프로그램에 대한 이해가 있기 때문에 오류 발생 시 업무 처리 속도 또한 빨라질 것이다. 또한, 업무 담당자가 RPA 사용을 위해 지켜 줘야 하는 규칙 등이 공유되어야 한다. 이를 통해, RPA 사용 규칙을 지키지 않아 발생하는 휴먼 에러를 줄일 수 있다.

특히, RPA 개발을 의뢰를 한 경우 해당 교육 기간을 길게 잡아 운영 팀에서 해당 업무 프로세스를 정확히 이해하는 것이 중요하다. 해당 업무 프로세스를 정확히 이해하지 못한다면 추후 유지 보수가 어려워진다. 이는 RPA를 인력과 예산을 투입하여 개발은 완료하였으나, 실질적으로 RPA 프로그램을 유지 보수를 하지 못해 사용하지 못하게 될 수도 있으므로, RPA 운영 교육이 반드시 필요하다.

6.4 RPA를 운영하다

6.4.1 RPA 전담팀의 중요성

 RPA 업무는 현재까지 많은 업체들이 선정하여 많은 업무를 사람을 대신해 처리하고 있다. 다만 RPA에 대한 유지 보수 및 업무 과제 창출 등은 RPA 전담팀이 아닌 RPA를 도입을 추진한 부서 팀 또는 해당 업무의 업무 담당자가 주체가 되는 경우가 많다. 이러한 경우 발생하게 되는 큰 문제는 담당 부서 또는 현업 담당자는 자신의 업무 + RPA 업무가 되어 RPA의 존재가 자신을 괴롭히는 존재가 되어 버리게 된다. 그렇다면 RPA 전담팀이 구성되었을 때 장점이란?

 - RPA 전담 팀이 구성되어 있다면 업무 담당자가 RPA 전담 팀에서 요구하는 내용을 제외하고는 크게 신경을 쓰지 않아도 된다
 팀이 구성되어 있지 않다면 RPA 솔루션을 누군가 담당하게 될 것이며, 그 담당자한테는 자신의 업무 + RPA의 업무 의 추가로 인하여 높은 거부감을 가지게 된다. 초기 RPA의 도입 시 업무 담당자에게 자신의 RPA 업무 관리를 맡기게 되는 경우가 많아 RPA 솔루션에 대한 거부감이 많이 발생하였다. 이러한 이유로 RPA 스크립트 개발 프로젝트 기간 동안 업무 담당자의 협조를 구하기가 힘든 경우가 많았다.

 - 유지 보수 측면에서도 많은 이슈가 발생할 가능성이 매우 낮다

RPA 전담팀의 경우 RPA 솔루션을 더욱 효과적으로 사용하기 위하여 솔루션 사용법에 대한 개인의 공부 및 사용 숙달을 위해 노력을 하게 된다. 하지만 전담 팀이 아닌 업무 담당자 및 기타 부서에서 담당하게 된다면 위에서도 언급했듯 자신의 업무 + RPA 업무로 인하여 일의 능률이 떨어지게 된다. 또한 자신의 업무로 인하여 RPA 업무 수행이 이슈가 발생할 경우에 모르고 지나갈 경우가 꽤 빈번하게 발생하는 경우도 있었다. 한 예로 A사의 RPA 수행 업무의 담당자는 RPA 도입을 추진한 비 IT 부서이다. 해당 RPA 수행 업무에 대하여 큰 이슈가 없다고 판단을 하고 있었지만, 엔지니어가 확인해 보니 대략 1~2달간은 정상적으로 수행을 하지 못하고 있었다는 판단이 있어 해당 RPA 업무에 대한 수정이 필요한 경우가 있었다. 반면 AA카드의 RPA 전담팀은 RPA 수행에 오류가 발생하게 된다면 즉각적으로 오류에 대해 분석 파악 및 수정 반영을 하고 필요하다면 해당 RPA 업무 스크립트를 개발 업체에 연락을 취하여 빠르게 처리를 할 수 있게 된다.

- RPA 전담 팀이 있다면 RPA 업무 과제 발굴에도 일의 능률이 오르게 되어 있다

전담 팀이 없이 RPA 업무를 개인 담당자한테 맡기게 된다면 자신의 업무 및 자기 부서의 업무만 발굴할 가능성이 높은 한계를 보여 주게 된다. 또한 발굴을 하게 되더라도 자신의 업무를 처리하는 중간중간 개발을 진행하게 되어 진척이 느려질 가능성도 매우 높다. 또한 RPA 업무에 필요한 인프라 팀 또는 보안 팀의 지원을 받기 위해 많은 고생을 하게 될 것이다. 반면 RPA 전담 팀이 구성되어 있다면 체계적으로 준비를 할 수 있게 된

다. 업무를 발굴하기 위하여 각 부처에서 RPA 업무로 정리할 만한 업무의 리스트를 제작을 진행할 것이며, 또한 업무 담당자의 시간에 맞춰 인터뷰 등을 통하여 업무 협의 회의를 하여 RPA 업무 프로세스가 정리가 쉽게 될 것이다. 마지막으로 RPA 전담 팀의 주 업무인 RPA 관련 업무이기 때문에 발굴한 과제에 대해서 빠르게 개발이 진행될 것이며 개인이 아닌 팀이다 보니 다른 부처의 지원을 받기에도 효율적으로 준비가 될 수 있다. 한 예로 B프로젝트에서는 RPA 전담 팀이 없이 RPA 담당자 한 분만 계신 프로젝트였는데 업무 협의를 위해 업무 담당자의 업무 설명과 업무 회의가 있어야 했지만 RPA 담당자의 다른 업무로 인하여 업무 회의 및 업무 설명이 지연되는 일이 자주 있었다. 이 지연으로 인하여 개발을 완료 후 충분한 테스트 기간을 가지지 못하게 되었다.

하지만 RPA 전담 팀이 없어도 해당 문제가 무조건적으로 발생하는 것은 아니다. 한 예로 TT 건설 회사의 RPA 담당 부서는 IT 기획팀이 담당하고 있었다. 1차 프로젝트 개발이 완료된 후 IT 기획팀에서 안정적으로 서비스를 운영하며 유지 보수를 진행하게 되었고 2차 확산 프로젝트가 진행되기 전 미리 차기 프로젝트에서 진행될 업무에 대하여 업무 담당자와의 사전 인터뷰가 미리 진행되어 있었다. 또한 1년이라는 운영을 자발적으로 하다 보니 안정화의 중요성을 파악을 했고, 또한 담당자가 1명에서 3명으로 늘어났다. 사실적으로 보면 IT 기획팀 안에 RPA 전담 팀이 만들어진 형식이긴 하지만 이분들의 주 업무 또한 RPA가 아닌 기획팀의 업무이다 보니 자신의 업무에 의해서 모니터링의 부재가 발생하는 경우도 있었다.

즉 결론적으로 말하면 RPA 전담 팀의 존재 여부는 필수는 아니지만 보다 RPA 업무를 효율적으로 하기 위해서는 전담 팀이 필요하다. 특히 RPA 도입 업체의 담당 부서가 비 IT 부서일 경우 더더욱 RPA 전담 팀 구성이 필요한데 전담 팀 구성이 불가능할 경우 개발 업체와 협의하여 상주 담당자를 지정하는 것도 방법 중 한 가지다.

6.4.2. 업무 자동화 확산을 준비할 때 필요한 것

업무 자동화 확산을 준비하는 것은 업무 자동화 프로세스를 처음 도입 시 고려하던 사항 외에 추가로 파악해야 할 사항들이 있다. 해당 파트에서는 업무 자동화 확산을 준비할 때 필요한 내용을 확인하도록 한다.

[타 기업 사례 분석 및 전담 조직 체계 정립]

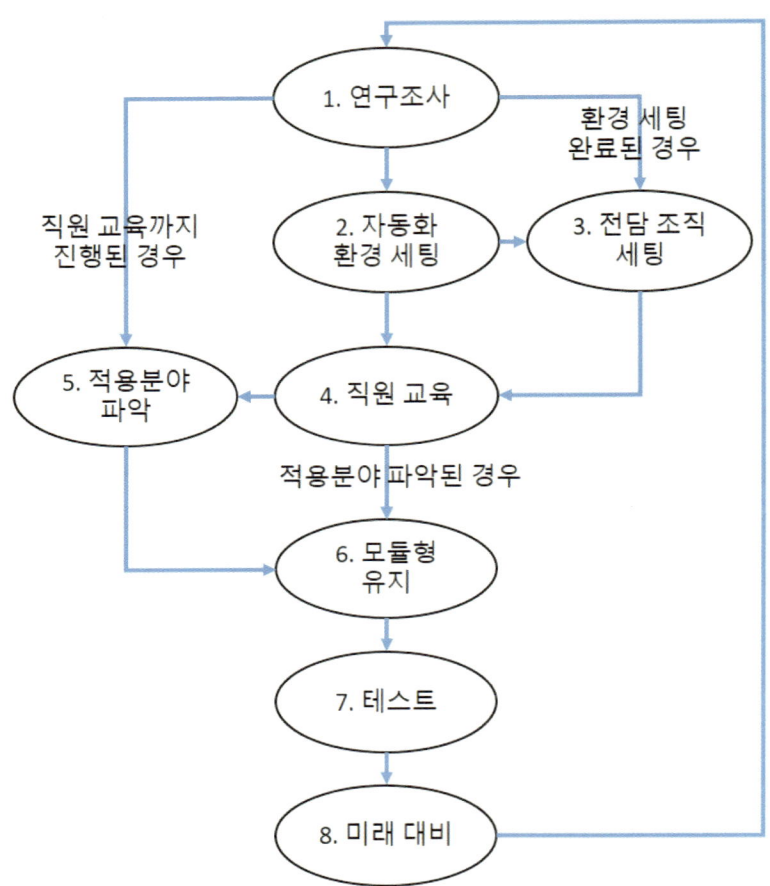

1) 연구 조사

- 업무

많은 기업에서 RPA를 도입했기 때문에 업종별 사례가 풍부하다. 본인들이 자동화 구축 및 확산하고자 하는 업무를 다른 기업에서도 도입한 경우가 있었는지, 도입했다면 어떤 진행 과정을 거쳤는지 미리 알아보고 이에 대해 준비할 내용을 챙길 수 있다.

- 기업 정책

RPA 설치 및 프로젝트 수행 시, 기업 정책에 위반되는 경우가 종종 있다. 은행이나 대기업에서의 DRM 문제 등이 해당되는데, 처음에 정책에 위반되는 내용을 예외 처리해도 정책이라는 것이 변동되기도 하니 정기적으로 변경된 정책이 RPA 업무에 영향을 미치는지 체크해서 대비해야 한다. 한 공공 기관에서는 정책이 변경되어 업무 하나가 통째로 사용할 수 없게 된 경우도 있다. 같은 업종에서 일어난 사례를 미리 알고 자동화 업무를 도입하면 비교적 순탄하게 진행할 수 있다.

- 관리

자동화 적용할 업무와 사례가 공통 사항이 있다면, 이전 사례에서는 업무를 어떻게 관리해서 유지하는지 내용을 확인하여 이를 사내 해당 자동화 프로세스에 적용시키도록 한다.

2) 자동화 환경 세팅

앞서 살펴본 기준에 맞춰 PC 및 서버, 가상화 장비, 사내 정책 등 환경을 자동화 업무를 하기에 지장이 없도록 세팅한다.

3) 전담 조직 세팅

환경 세팅이 완료된 상태에서 자동화 업무를 본격적으로 작업에 들어가기 전에, 업무 프로세스에 대한 정의가 나와야 한다. 비즈니스 분석가가 이런 내용을 정리해서 자동화 업무를 진행할 업무 자동화 전문가에게 넘겨주면, 자동화 프로세스를 구축하면서 환경에 문제가 발생하면 문제 발생 상황에 따라 자동화 업무에 환경 문제를 책임져 줄 IT 관리자(기업의 전산, 보안 등 정책과 관련된 IT 직무자)와 자동화 업무 프로젝트를 관리하는 프로젝트 관리자, 그리고 비즈니스 분석가 및 업무 담당자와 상의를 하여 프로젝트를 마무리한다.

이처럼 각자 맡은 역할에 따라 프로젝트 성공 여부가 정해진다. 그렇기에 각 역할별 담당자 지정과 명확한 책임 정의가 가장 중요하다.

4) 직원 교육

자동화 환경이 조성되고 전담 조직이 정해지면 각자의 역할에 맞는 교육을 받아야 한다. 이는 업무 자동화를 처음 구축하던 경우와 조금 다르다.

비즈니스 분석가의 경우, 기존에 반영한 정의서에 업무 담당자가 누락한 내용이나 업무 자동화 전문가의 요구 사항이 발생할 수 있다. 이러한 사항을 정리하여 업무 정의서에 반영하도록 한다.

업무 자동화 전문가의 경우, 완료된 프로세스를 업무 내용부터 로직 및 예외 처리 방식 등을 해당 업무 관리자에게 인수인계한다.

IT 관리자의 경우, 해당 업무를 반영한 정책을 파악하여 정책이 변경될 경우 등 사내 정책에 대하여 프로젝트 관리자 및 업무 자동화 전문가, 비즈니스 분석가가 변경된 정책에 대응하도록 업데이트 사항을 전달해야 한다.

프로젝트 관리자의 경우, 인수인계받은 프로세스에 대하여 업무 내용 및 로직, 예외 처리 방식뿐만 아니라 기획 단계부터 히스토리를 알고 있어야 추후 변동 사항이 발생할 경우 대응할 수 있다.

업무 담당자는 자동화하는 이유는 본인의 업무를 더 편하게 하기 위함이지, 불편하게 하려는 것이 아니라는 점을 알아야 한다. 기존 프로세스에서 변동된 사항이 있으면 프로젝트 관리자와 미팅 후 변경된 사항에 대한 업무 가이드를 해야 한다.

비즈니스 분석가와 업무 자동화 전문가와의 미팅을 통하여 본인의 업무에 대해 설명할 때, 신입 사원에게 인수인계한다는 생각으로 진행해야 한다는 것을 상기시켜야 한다. 이때 업무 정의서를 작성하여 서로 누락된 내용은 없는지 확인하는 단계를 꼭 거쳐, 추후에 자동화 프로세스를 구축하며 변동된 사항을 파악하고 업무 담당자나 비즈니스 분석가, 업무 자동화 전문가가 다른 인력으로 변경될 경우를 대비하도록 한다.

5) 적용 분야 파악

분야별로 프로세스 특성이 있어, 해당 특성에 대해 알고 관리를 해야 다음 확산에 해당 분야의 2차 이후 프로세스 구축에 개발 기간 및 테스트 기간을 줄일 수 있다. ERP도 솔루션마다 화면별로 특성이 다르다. 구축 시 해당 특성에 맞게 처리하는데, 이에 대하여 하나라도 처리해 보면 이 하나를 위해 테스트했던 방식들이 구축된 프로세스 관리와 다음 확산에 필요한 경험이 된다.

6) 모듈형 유지

기존 모듈을 유지해야 지속 가능하고 확산 시 사용 가능하며 관리할 포인트도 명확하다. 업무 자동화 프로세스를 구축할 때, 대부분 기업에서 PoC나 1차 프로젝트에서 외부 웹 데이터를 크롤링해서 내부 시스템에 등록하거나 메일링하는 프로세스를 구축한다. 이때, 보통 각 섹션별로 모듈화하여 프로세스를 만들어 두기 때문에 만들어 둔 모듈별로 필요한 업무에 활용 가능하다.

또한 변동된 사항이 있으면 모든 모듈에 업데이트하도록 한다.

7) 테스트

정해진 시간이든 직접 실행을 하든 수행 전에도 테스트 단계를 거치지만, 업무 실행 기간이 길거나 오랜 시간이 소요되는 업무라면 정기적으로 해당 프로세스를 직접 확인 후 문제 사항이 없는지 확인해야 한다. 외부 사이트의 경우, 재개발하여 변경되기도 하고, 내부의 경우 정책이 변경되는 등 다양한 요소에서 대응해야 한다.

8) 미래 대비

기존의 업무를 관리하면 최소 하나의 업무 프로세스를 기획부터 관리까지 경험하게 된다. 여기서 경험한 내용을 바탕으로 추후에 확산할 업무를 사내에서 미리 전달받아 자동화 프로세스에 적합한지 검증이 가능하게 된다. 관리 단계까지 각 기업에 적합한 이해와 기준이 생겼기 때문에 다음 업무를 진행할 때에는 1차보다 더 까다로운 업무를 수월하게 진행할 수 있게 된다.

7

RPA와 AI의 미래

현대 사회에서 가장 많이 들리는 용어 중 하나가 바로 AI(Artificial Intelligence)일 것이다. AI란 단어가 처음 사용된 것은 1955년 미국 다트머스 대학교에서 진행한 학회에서 존 맥카시 교수가 처음으로 사용하며 인공 지능을

"인간의 지능으로 할 수 있는 학습, 사고, 행동, 자기 계발 등을 컴퓨터가 할 수 있도록 연구하는 것"

이라고 정의하며 사용되었다. 이후 많은 연구와 발전을 거치며 성장해 왔지만 근래에 하드웨어 스펙의 성장과 더불어 기존에 시도할 수 없었던 다양한 연구가 가능해지며 성장에 힘이 실리고 있다. 인공 지능이라는 말과 같이 사람에 의해 만들어진 지능이라는 의미인데 사람처럼 생각하고 인지하고 판단할 수 있는 머리라 할 수 있겠다. 앞서 말한 바와 같이 RPA가 사람들의 손과 발이라고 한다면 머리를 담당할 수 있는 부분이 바로 AI가 되겠다. 이러한 AI가 지금 어떤 모습으로 우리 곁에 존재하는지 앞으로 얼마나 발전할 것이며 RPA와 공존할 수 있는지 알아보도록 하자.

7.1 현재 AI의 현황

현대 사회에 이르러 많은 분야에서 그리고 생활 속에서 AI라는 단어를 쉽게 접할 수 있다. 기업은 너도나도 자신의 제품에 AI 기술을 접목하여 기술의 혁신을 이루었다고 광고하고 있으며 그러한 제품들은 기존 제

품에서는 알 수 없었던 정보를 주거나 보다 똑똑하게 동작하며 사용자들에게 편리함을 제공하고 있다. 제품에 제한되지 않고 고객 대응, 서비스 제공과 같은 분야에서도 AI라는 단어는 쉽게 접할 수 있다. 몇 가지 예를 보자면 이제는 온 국민이 다 가지고 있을 스마트폰의 개인 비서 기능("XX야~" 하고 부르면 대답하는 아이)이 있다. 챗봇과 음성인식 기술의 조합으로 볼 수 있는 이 개인 비서 기능은 한때 스마트폰 보급 이후 대표되는 기능으로 소개되기도 했다. 이러한 음성 인식을 기반으로 한 대화형 챗봇 기술은 이제 스마트폰에 제한되지 않고 스피커, 내비게이션 등에서 어렵지 않게 볼 수 있다. 또한 주문을 받아 커피를 만들어 주는 로봇 카페나 음식점에서는 고객에게 직접 서빙을 하는 로봇도 심심치 않게 볼 수 있다. 냉장고를 통해 바깥 날씨와 음식 레시피를 볼 수 있으며 공기청정기는 내, 외부 공기를 감지하고 분석하여 사용자에게 쾌적한 공기를 제공한다.

이처럼 우리 실생활에서 손쉽게 접할 수 있는 AI가 있는 반면 좀 더 전문적인 분야에서도 AI의 활약은 계속되고 있다. 2016년 3월, 전 세계적으로 큰 충격을 주었던 구글 딥마인드의 'Google DeepMind Challenge Match'는 그 대표적인 예이다. 대회 이후 한동안 AI라는 명칭 대신 더 인공 지능을 대표하는 단어로 인식되었던 알파고와 한국이 자랑하는 대표적인 바둑기사 이세돌 9단과의 바둑 대결인데 이것은 경기 결과(4-1 알파고 승)만큼이나 큰 충격을 주었다. 대회 전까지만 해도 바둑은 여러 가지 이유로 인해 기계나 과학이 아직 근접할 수 없는 인간만의 영역이라는 인식이 강했으나 막상 경기 결과는 거의 일방적이기까지 했기 때문이다. (여담이지만 오히려 저 1승은 인간이 인공 지능을 상대로 공식전에서 거둔 유일한 1승으로 남아 있을 정도이다.) 이렇게 알파고를 통해 AI의 기술적 발전이 알려졌고 이제 기업들은 다양한 영역에서 AI를 활용하고 있다. 신입 사원 채용 면접에 AI를 활용하기도 하고 신약 개발에 연구 과정에서 AI를 통해 실험을 진행하기도 한다. 이 밖에도 범죄 발생 예상 모델, 재범 가능성 계량화와 같은 범죄 예방 분야에서도 쓰이고 원하는 형태의 그림을 그려 주거나 원하는 종류의 곡을 써주는 작곡가로서 활약하고 있다. 그리고 2023년 OpenAI에서 ChatGPT라는 대화형 인공 지능 서비스를 공개한다. 단순한 인터넷 검색 결과에서 사용자의 의도를 파악한 결과 도출이 가능해지고 시스템 구성, 스크립트 작성과 같은 전문 분야나 논문 작성, 보고서 작성과 같은 문서 편집 작업에도 도움을 주고 심지어 반성문(?), 연애편지(???)와 같은 실생활에서도 AI 서비스를 사용할 수 있게 되었다. ChatGPT를 통한 다양한 활용 사례들이 소개되면서 Microsoft, Google 등 글로벌 기업들도 Bing ai, Bard와 같이 대화형 생산형 인공 지능 서비스를 출시하며 서비스 영역 확보에 총력을 기울이고 있다.

   이러한 AI는 크게 약인공 지능, 강인공 지능, 초인공 지능 3단계로 나누어 볼 수 있는데 1980년 존 설 교수에 의해 최초로 사용된 개념이다. 각 개념에 대한 설명은 다음과 같다.

   - 약인공 지능(Week AI): 특정 분야에서 구체적인 목표를 가지고 문제를 해결하는 도구로서의 AI

   인간이 기계와 비교하여 한계가 명확한 기억력, 연산 속도, 정확성과 같은 특징을 살려 특정한 분야에서 최고의 효율로 시간적 제약에서 벗어날 수 있게 도움을 줄 수 있다. 이러한 특징을 통해 위의 예시에서 언급된 개인 비서, 챗봇, 생산형 AI 서비스와 같이 기존에 제공하던 단순 서비스에 패턴 인식, ML(Machine learning), NLP(Natural Language Processing, 자연어 처리)와 같은 AI 기술들이 접목되어 발전된 형태의 서비스들이 약인공 지능 단계의 AI라고 보면 되겠다. 현재까지 대중들에게 알려져 있거나 기업에서 사용되는 대부분의 AI가 약인공 지능에 해당되며 각 서비스에 적용되는 기술들은 해당 서비스에 최적화되는 기술만 채용되어 사용한다. 예를 들어 AI 스피커나 스마트폰의 개인 비서와 같은 서비스에는 대표적으로 NLP, STT/TTS 기술을 접목하여 사용자가 스마트폰이나 스피커상에 직접 명령을 입력하지 않고 음성을 통해 명령을 전달하고 결과를 볼 수 있다. STT를 통해 사용자 음성을 텍스트화하고 텍스트화된 문자에서 NLP를 통해 사용자의 의도를 파악하여 업무를 수행한다. 마지막으로 수행 결과를 TTS롤 통해 사용자에게 전달함으로써 사용자는 기존보다 편리하게 해당 서비스를 경험할 수 있는 것이다. 더욱 큰 형태로는 기업에서 데이터 베이스화한 고객의 기본 정보나 구매 정보를 가지고 ML을 통해 고객 성향 분석이나 구매 패턴 분석을 하여 고객에게 제품 제안을 하여 구매 실적을 올리는 데 사용되기도 한다. 하지만 각 기술들이 모든 영역에서 사용되지는 않는다. 과속 차량 적발 시 OCR 기술을 통해 자동차 번호판을 정확하게 식별해야 하는데 이러한 영역에서 NLP를 통한 자연어 처리는 필요가 없기 때문이다. 이처럼 특정 분야에서 사람들이 단시간에 처리하기 어려운 부분에서 기계의 도움을 통해 결과를 도출하거나 문제를 해결하는 AI 단계를 약인공 지능이라고 한다.

- 강인공 지능(Strong AI): 특정 분야에서 인간의 지시에 의해 주어진 일

을 수행하는 약인공 지능의 제약을 벗어난 AI로 인간과 동일한 지성을 갖춘 인공 지능

- 초인공 지능(Superintelligence): 강인공 지능에서 스스로 연쇄적인 개량을 통한 지능의 폭발로 인해 인류의 지능을 아득히 넘어서게 되는 인공 지능

반면 강인공 지능과 초인공 지능에 대해서는 대략적인 정의만 있을 뿐 구체적인 형태나 시도조차 없다고 여겨진다. 사실 대략적인 정의조차도 지금 이 시간에도 끊임없는 반론과 재정의와 논설이 오가는 중이라 지금 이 책을 읽는 시점에서는 어떠한 정의가 내려져 있을지 모르겠다. 그만큼 강인공 지능 이후의 영역은 단순히 하드웨어나 소프트웨어만의 발전이 아닌 지능, 지성체란 무엇인가에 대한 정의가 필요하기 때문이며 인문학적 관점에서도 해당 논의에 대해서 끝없는 토론이 이루어지기 때문이다.

강인공 지능만 하더라도 일반적인 모든 범용적인 상황에서 사용할 수 있는 인공 지능이라는 개념이다. 하나의 인공 지능을 은행 업무에서도 사용할 수 있고 법률 관련 자문을 구할 수도 있고 하다못해 스포츠 강사로서도 사용할 수 있다는 것이다. 사람으로 치면 만능에 가까운 능력이다. 쉽게 말하면 위에 언급한 알파고가 바둑뿐만 아니라 장기도 두며 갑자기 의사처럼 진료를 볼 수도 있다는 것이다. 이처럼 만능에 가까운 인공지능은 현재로서는 구현되지 않았고 윤곽조차 보이지 않지만, 지난 2023년 3월 Microsoft에서는 〈Sparks of Artificial General Intelligence: Early experiments with GPT-4(AGI의 불꽃:

GPT4를 사용한 초기 실험)〉이란 논문을 발표하며 강인공 지능으로 분류되는 AGI(Artificial General Intelligence, 일반 인공 지능)에 대한 방향성을 제시하였다고 발표하였으며 아직은 시기상조라는 의견들과 대립하며 논쟁을 이어가고 있는 상태이다.

  여기서 한 걸음 더 나아가 초인공 지능은 문제 해결에 끝나지 않고 끊임없이 스스로 개선을 하게 된다. 개선점의 도출과 반영을 끊임없이 수행하고 그 반영 시간이 점점 짧아져 마지막에는 인간이 이해하기 힘든 결론에 갑작스럽게 도출되게 된다. 흔히 영화나 소설에서 언급되는 디스토피아적 세상에서의 인공지능은 이러한 끊임없는 자체 연산(생각 또는 사색)의 결론으로 어느 날 갑자기 "인류는 멸망해야 한다."라는 결론에 도달하며 인간과 기계간의 전쟁이 시작된다고 묘사하기도 한다. 물론 많은 인공지능 학자들은 최초의 목표를 잃지 않고 그 목표를 달성하기 위한 목적이 있기 때문에 극단적인 상황이 벌어질 일은 없을 것이라고 말한다. 하지만 인공 지능이 진화함에 따라 각 단계에서 어떠한 일이 벌어질지 알 수 없지 때문에 단순히 기술적인 발전보다는 윤리적 관점, 법제도의 확립 등과 같이 인간 사회의 사회적 관점에서 준비가 필요하다는 목소리가 커지고 있다.

7.2 RPA와 AI의 확장성

　AI의 향후 발전과 맞물려 각 기술들의 발전은 RPA에도 많은 영향을 끼쳤다. 처음 언급한 대로 단순 반복적인 업무들의 자동화보다 이제는 좀 더 복잡한 업무를 자동화하고 싶은 사용자들의 욕구를 RPA 단독으로 수행하기에는 한계가 명확하기 때문이다. 이 한계를 극복하기 위해 RPA는 크게 두 가지 길로 나뉘어 발전하게 되었다.

　첫 번째는 RPA 단독으로 필요한 모든 업무를 수행할 수 있도록 업그레이드하는 것이다. 말 그대로 복잡한 업무의 처리를 위해 RPA 내의 시스템을 업그레이드한다. 예를 들어 OCR 업무를 좀 더 정확하게 수행하고자 한다면 RPA 시스템 내의 OCR 기능을 개선하여 정확도 높은 OCR 기술을 개발하고 RPA의 기능으로 추가한다. 또는 챗봇 기능을 추가하여 RPA 시스템 내에 자체 챗봇 서비스를 제공하는 것이다. 이렇게 될 경우 RPA가 정확한 OCR, 자체 STT/TTS 시스템, NLP 알고리즘을 통한 자연어 처리와 같은 기술을 모두 사용할 수 있게 되어 그야말로 엄청난 만능의 시스템으로 거듭날 수 있다. 하지만 여러 분야를 한꺼번에 소화해야 하는 기술 개발이 필요하며 작은 시스템에 적용하기에는 너무 큰 전문가 시스템으로 취급될 수 있다. '닭 잡는 데 소 잡는 칼을 쓴다.'와 같이 될 수는 없지 않은가? 또한 덩치가 커진 시스템인 만큼 초기 도입 비용이 현재보다 크게 증가할 것이다. 이렇게 되면 작은 중소기업에서는 도입이 어렵고 RPA는 대기업의 전유물로 남게 될 것이다.

　두 번째는 타 기술과의 연계이다. 위에서 언급한 OCR의 경우만 해도 이미 전 세계적으로 유명하고 정확도 높은 글로벌 기업들과 각 국가에서도 자국어에 특화된 OCR 기업들이 있다. 이미 높은 성능의 기술력이 확보된 제품이 있다면 필요한 기술들은 해당 제품과의 연계를 통해 빠르게 성과를 보는 것이 좋을 것이다. 필요에 따라서 제품을 선정하여 해당 제품과의 연계로 성과를 보기 때문에 정확도 측면에서 훨씬 좋은 성과를 보일 수 있다.

이렇듯 RPA 자체 개발이나 연계를 통해 확장된 기능을 구현할 수 있다면 업무 자동화를 구현하는 데 제약 사항이 크게 줄어들 것이다. 금융 혹은 보험사에서 상품 계약 채결에 필요한 서류들을 검수하는 과정도 OCR을 통해 서류들의 정합성을 체크하거나 서류 내에 내용을 데이터화하여 RPA를 통해 자동화하여 계약을 채결할 수 있다. 오브젝트나 사물 인식 기술인 Computer Vision 기술을 통해 제품의 결함 여부를 판독하고 결과를 RPA가 받아 제품 품질 관리 데이터를 구축할 수도 있을 것이다. 챗봇을 통해 사용자로부터 업무 처리 명령을 받아 RPA로 자동화 업무를 수행하고 결과를 다시 챗봇을 통해 사용자에게 보고하는 형태로 구축할 수도 있다.

RPA가 자체적으로 개발하여 기능을 추가하던 타 솔루션 혹은 프로그램과 연계를 하던 앞으로 자동화해야 할 업무의 복잡도를 소화하기 위해서는 새로운 기술, 특히 AI 관련 기술들이 필요하기 마련이다. 또한 현재 존재하는 AI 기술이 아닌 전혀 새로운 AI 기술이 필요한 업무가 있을 수도 있다. 중요한 것은 현재 약인공 지능 단계에서 머물러 있는 AI 분야에서도 RPA 업무 자동화라는 것에서 다음 단계로 넘어갈 실마리를 찾을 수 있을 것이고 RPA 자체로도 AI를 통한 정확한 업무 수행에 필요로 한 것이 어떤 것이 있을지 연구해 볼 수 있다. 서로 간에 상생하며 서로를 통해 확장의 가능성과 효과를 볼 수 있는 것이 RPA와 AI의 관계가 아닐까?

7.3 RPA와 AI의 미래

미래에 사람들이 RPA와 AI를 더욱 많이 접하게 되고 기업이나 사회적으로 업무 자동화가 이루어진다면 과연 어떤 일들을 하게 될까? RPA와 AI가 보편화된 사회에서는 사람들이 일하는 방식이 완전 달라지지 않을까?

- RPA 도입 초기: 자동화의 시작

업무 자동화가 이루어지는 초기 단계에서는 단순 반복 업무의 대부분을 자동화하게 될 것이다. (실제로 현재 많이 이루어지고 있는 중이고 이미 다음 Step으로 넘어간 기업도 있다.) 반복 작업이 없어지는 시간 동안 사용자는 다른 일을 하게 될 것인데 자동화 초기 단계에서는 자동화 작업의 결과 확인, 검수, 수정 등의 작업들을 하게 될 것이다. 시간이 지날수록 자동화 업무의 퀄리티가 상승하게 되고 속도가 빨라지며 더욱 정교해질 것이고 그렇게 녹아 든 업무 자동화는 생산성 향상의 효과를 가져올 것이다. 이후 다른 작업에서 업무 자동화할 영역들을 찾게 되며 초기 도입했을 때보다 많은 프로세스에서 업무 자동화가 이루어지게 될 것이다.

- RPA 운영과 확장: RPA의 한계 돌파, AI와 결합

이 시점에서 단순 반복 업무들은 대부분 RPA를 통해 업무 자동화가 이루어진 이후이고 추가적으로 도출된 업무들은 업무 복잡도가 높고 RPA만으로는 자동화가 힘든 업무들이 나타나기 시작한다. 문서들을 눈으로 보는 것처럼 확인하여 비교하거나 유선상으로 확인된 고객 상담 내용을 데이터화하는 등 사람의 인지와 판단이 필요한 업무들이 바로 그것이다. 이러한 인지와 판단이 필요한 업무는 AI, 즉 사람의 인지와 판단을 인공으로 구현한 AI가 대신 판단하여 RPA가 업무를 수행하도록 할 것이다. 약인공 지능이 좀 더 보편화되고 사람은 기계에게 자신의 업무 노하우를 가르치는 것이 좀 더 쉽게 가르칠 수 있는 날이 도래하게 될 것이다. 이 시기에 사람의 경험을 배운 AI들은 점차 똑똑하게 사물을 인지하거나 정확한 판단을 하게 되고 이것이 사람이 판단하는 데 도움을 주며 조금씩 사람들에게 배우게 될 것이다. Process Mining, Task Mining을 통해 업무 흐름을 파악하고 개선점을 확인하여 업무 프로세스 개선을 이루어 갈 것이다. 사람들은 이 시기에 RPA가 업무 수행을 잘하는지 확인만 하는 단계일 것이고(이미 RPA 수행 결과에 대한 신뢰도는 높아져 있을 것이다.) AI에게 학습을 시키는 시간이 많아질 것이다. AI가 보고한 판단과 근거가 정확한지 확인하게 되고 그것이 틀리면 바로잡아 주는 시간이 많아지고 시간이 지날수록 그 시간은 점차 감소할 것이다.

- 업무 자동화 완성: 최종 결정권은 인간이, 일은 RPA와 AI가

최종적으로 업무의 99%가 자동화된다면 사람은 대부부의 시간을 업무 프로세스가 정상적으로 수행되는지 확인하는 데 쓸 것이다. 업무 자동화

는 RPA에 의해 수행될 것이고 이 업무들의 인지, 판단을 AI가 하게 될 것이다. 프로세스의 개선은 지속적으로 이루어지며 AI가 판단하여 개선안을 사용자에게 올리기도 할 것이다. 사람은 이를 보고 승인만 해 주면 된다. 모든 업무의 최종 결정권은 사람들에게 있을 것이고 사람들은 의사 판단을 하게 될 것인데 심지어 이 부분에서도 AI에게 의견을 물어볼 수도 있다. 만약 AGI가 출현할 경우 이러한 판단조차 AGI의 의견이 대부분 반영될 수도 있다. 사람과 다르게 AGI는 판단에 감정이나 기분에 따른 결정을 내리지 않기 때문에 좀 더 객관적이고 근거에 입각한 판단을 내릴 수 있기 때문이다. (특히나 뇌물, 비리와 연관된 업무에서는 더더욱 효과적일 것이다. AI는 돈이 필요 없기 때문이다.)

이렇게 최종적으로 공공이나 사기업들의 업무들이 대부분 자동화가 이루어질 경우 사람들은 대부분 좀 더 창조적인 일에 힘을 쏟을 것으로 생각된다. 어쩌면 그리스 시대처럼 철학이 비약적으로 발전하거나 르네상스 시대와 같이 문화적 중흥기를 맞이할지도 모르겠다. 인류의 발전을 위해 정신적인 부분이 강조될 수도 있고 종교, 이념을 넘어 전쟁 종식과 체재의 변화가 올 수도 있을 것이다. 이로 인해 다가올 미래가 유토피아일지 디스토피아일지는 아무도 알 수 없겠지만 분명 사람들의 생활 패턴이 변화하는 것은 확실해 보인다.

물론 이와 같은 미래를 보기 위해서는 아직 RPA나 AI 각각 기술적으로 더 발전해야 한다. 예를 들어 OCR 기술은 어떠한 제품도 모든 폰트나 필기체(특히나 악필)를 100% 인식하는 것을 본적이 없다. 다만 인식률이 95% 이상이면 대체로 좋은 인식률을 보인다고 생각한다. 또한 Computer Vision과 같은 기술을 사용하기 위해서는 비용적으로나 현실적으로 시스템 구축이 힘든 사례들이 훨씬 많다. ML(Machine Learning)의 경우 현재로서는 장비의 GPU 성능에 따라 좋은 성능을 보인다고는 하지만 일각에서는 효율적이지 않아 AI에 특화된 새로운 칩의 개발이 선행되어야 한다는 의견도 있다. 이른바 AI칩이 그것인데 하드웨어가 아무리 발전하였어도 GPU는 설계 자체가 픽셀단위의 그래픽 작업에 최적화된 GPU칩으로 연산 능력은 강력하지만 비효율적인 처리 방식, 높은 가격, 불필요한 자원 낭비와 같은 한계를 인식하고 AI에 최적화된 칩의 필요성이 커진 것이다. 이러한 필요성이 커지며 많은 발전을 이루었다는 하드웨어 측면에서도 개선과 발전의 여지가 남아 있고 이를 극복하기는 쉽지 않다는 의견도 많이 있다. 하지만 지금도 IT 기술은 연구 개발과 발전을 거듭하고 있으며 그 간격은 점차 짧아지고 있는 추세이다. 실제로 이제는 흔하게 사용하고 있는 스마트폰이 대중화된 시기는 채 20년도 안 되었다. 점점 빠르게 변화하는 현대 사회에서 다가올 업무 자동화의 미래를 생각해 보고 미리 대비해야 하지 않을까?

8

미리 보는
RPA 적용 기술

현재 RPA는 주로 단순하고 반복적인 작업을 자동화하는 데에 가장 효과적으로 활용되고 있다. 하지만 복잡한 프로세스와 다양한 데이터 및 시스템 간의 통합이 필요한 경우에는 다른 기술과의 융합이 필요할 수 있다. 예를 들어, A기업은 스캔한 문서를 ERP 시스템에 직접 입력하는 업무를 자동화하려 했지만, RPA에서는 이미지나 스캔된 문서와 같이 비정형 데이터를 처리하는 데 어려움이 있어 OCR과 RPA를 결합하여 이미지에서 텍스트를 추출한 데이터를 자동화 프로세스에 활용하여 해결했다.

RPA는 OCR 외에도 AI, 오픈소스, 프로세스 마이닝, 음성 인식 기술 등 다양한 기술과 융합하면서 계속해서 진화하고 있다. 이러한 융합을 통해 RPA 기술은 더욱 강력한 자동화 솔루션을 제공하며, 기업의 업무 효율성과 생산성을 높이고 빠른 디지털 전환을 지원하는 데 큰 도움을 줄 것으로 기대된다.

혁신 기술과의 계속된 융합을 통해 더욱 진보된 RPA 솔루션을 기대할 수 있고, 이는 기업들이 더욱 스마트하고 효율적으로 업무를 수행할 수 있도록 지원할 것이다. 미래에는 더욱 향상된 자동화 기술과 지능적인 자동화 솔루션들이 등장할 것으로 기대되며, 이를 통해 기업들은 더욱 경쟁력을 갖추고 더 높은 수준의 혁신과 성장을 이룰 수 있을 것으로 예상된다. 앞으로 RPA는 어떤 기술과 어떤 모습으로 발전할지 알아보도록 하자.

8.1 CDA(Cognitive Document Automation)

인지 문서 자동화(CDA)는 AI, OCR, 자연어 처리(NLP), 기계학습(ML) 등을 사용하여 비즈니스 프로세스에 필요한 문서의 수집, 이해 및 통합하며 필요한 정보를 처리하고 저장하는 작업을 자동화한다. CDA의 활용 예시로는 비즈니스상에서 작성되는 계약서를 스캔하거나 전자 문서로 입력하면 CDA 시스템은 핵심 정보를 추출하고 필요한 행위를 취할 수 있다. 또한 기업데이터를 기반으로 자동으로 보고서를 작성하고 담당자에게 전달할 수 있다. 고객의 이메일이나 고객이 특정 프로그램에서 입력되는 데이터, 금융 기관에서 수신된 문서를 자동으로 분류하고 처리하여 중요한 정보를 추출하고 적절한 피드백을 취할 수 있다.

이러한 이점으로 CDA 도입을 통한 업무 효율성을 높이고 인력을 절감하는 데 도움이 되고 데이터의 정확성과 일관성을 높이기에 오류를 최소화한다.

CDA는 RPA의 기능을 확장 및 보완적인 기술로 비즈니스 프로세스에서 점점 더 많은 부분을 자동화할 수 있도록 한다. RPA 특성상 반복적이고 규칙 기반의 작업을 자동화하는데 CDA와 연계 시 RPA로 수행하기 어려웠던 비정형 문서 처리도 자동화할 수 있다. 즉 CDA의 문서 분석과 중요 정보 추출이 RPA보다 유동적으로 적용되기 때문에 RPA 처리 과정에서도 문서 분석 과정에서의 예외 상황도 CDA와 함께 적용된다면 더욱 정확하게 비즈니스 프로세스를 처리할 수 있다. 결과적으로 CDA와 RPA 연계를 통해 기업은 더 복잡하고 비즈니스 가치가 높은 자동화 솔루션을 구축할 수 있으면서 생산성을 향상시키고 인력과 비용을 절감할 수 있다.

  CDA와 RPA 연계 시 CDA는 문서 처리와 정보 추출에 특화되어 있고, RPA는 반복적이고 규칙 기반의 작업을 자동화하는 것이 강점이기 때문에 두 기능의 강점을 합쳐 기존의 자동화 수준보다 더 높은 수준의 비즈니스 프로세스를 구성할 수 있다. 또한 CDA는 비정형 문서를 정확하게 분석하여 정보를 추출하고 추출물에 대해 RPA가 반복 작업을 하기에 오류는 최소화되면서 작업의 일관성을 유지할 수 있고 실시간으로 처리한다는 점에 있어 결과물을 통한 빠른 의사 결정을 내릴 수 있다. 연계 방안에서도 나온 내용처럼 CDA는 비정형 문서에서 예외 상황을 탐지하고 처리하는 능력이 있어, RPA와 연계 시 예외 상황에 대처하는 자동화된 행동을 지정해서 프로세스의 안정성과 신뢰성을 향상시킬 수 있다. 이러한 시너지를 나타내면 효율적인 프로세스 흐름으로부터 업무 비용과 시간이 절감되고, 고객들에 문의나 고객들로부터 수신되는 이메일 등이 빠르게 처리되므로 고객들의 긍정적인 피드백을 받을 수 있다. 고객들의 평가가 높아질수록 타 기업에 비교하여 경쟁력이 높아지고 이는 경쟁 시장에서의 우위를 확보하는 데 도움이 된다.

8.2 Auto Vision

Auto Vision은 컴퓨터 비전(Computer Vision) 기술에 자동화 기능을 추가한 개념이다. 컴퓨터 비전은 컴퓨터가 디지털 이미지나 비디오를 이해하고 해석하는 기술을 말하며, 이를 통해 컴퓨터는 이미지에서 객체를 감지하고 분류하거나 이미지의 콘텐츠를 이해하고 해석하는 작업을 수행할 수 있다.

Auto Vision은 이러한 컴퓨터 비전 기술에 자동화 기법을 적용하는 것을 의미한다. 주로 딥 러닝과 머신 러닝 기술을 활용하여 컴퓨터 비전 모델을 자동으로 구축하고 최적화하는 방법을 포함한다. 이를 통해 전문적인 지식 없이도 비전 모델을 쉽게 구축하고 최적화할 수 있으며, 높은 성능을 얻을 수 있다.

Auto Vision과 RPA를 연계하면, 컴퓨터 비전 기술로 이미지나 비디오를 처리하고, 그 결과를 기반으로 RPA 소프트웨어 로봇을 활용하여 업무 자동화를 진행할 수 있다. 이를 통해 이미지 기반 데이터 처리, 자동 문서 처리, 이미지 기반 업무 처리, 비전 기반 프로세스 자동화 등 다양하게 활용 가능한 시나리오가 있다.

- 이미지 기반 데이터 처리는 Auto Vision을 사용하여 이미지나 비디오 데이터에서 필요한 정보를 추출하고, RPA를 이용하여 추출된 정보를 다른 시스템에 자동으로 입력한다. 예를 들어, 인보이스 이미지에서 금액과 날짜를 추출한 후, RPA를 이용하여 회계 시스템에 자동으로 입력하는 작업을 수행할 수 있다.

- 자동 문서 처리는 Auto Vision을 활용하여 문서 이미지에서 텍스트를 추출하고, RPA를 이용하여 추출된 텍스트를 기반으로 문서 처리 작업을 자동화한다. 계약서나 양식 등의 문서를 자동으로 처리하는 데 유용하다.
- 이미지 기반 업무 처리는 제품의 불량 여부를 확인하기 위해 이미지를 분석하고, 불량품이 발견되면 RPA를 이용하여 자동으로 경고 또는 조치를 수행하는 것이 가능하다.
- 비전 기반 프로세스 자동화는 Auto Vision을 사용하여 시각적으로 확인해야 하는 작업을 자동화하고, RPA를 활용하여 이러한 작업을 자동으로 실행하는 프로세스를 구축한다. 예를 들어, 생산 라인에서 제품 불량 여부를 자동으로 감지하고 불량품을 처리하는 작업을 자동화할 수 있다.

Auto Vision과 RPA를 연계하면 이미지나 비디오를 처리하고 그 결과를 기반으로 RPA 소프트웨어 로봇을 활용하여 복잡하고 다양한 업무를 자동화할 수 있다. 또한 실시간으로 데이터를 처리하고 자동화된 업무를 빠르게 수행할 수 있는 기능을 갖게 된다.

따라서 Auto Vision과 RPA의 연계를 통해 기업과 조직은 비즈니스 프로세스를 더욱 효율적으로 자동화하고 인력 절감과 생산성 향상을 이끌어낼 수 있다. 두 기술의 연계를 통해 높은 자동화 수준과 효율적인 비즈니스 프로세스를 구축할 수 있으며 두 기술의 융합과 발전은 다양한 분야에서 더욱 강력한 자동화 솔루션을 제공할 것으로 기대된다.

8.3 STT/ TTS Auto Recoding

보통 기계와 소통을 하기 위해서는 직접 타이핑을 하여 기계에 전달해야 한다. 하지만 시각에 제한이 있거나 손을 사용하기 어려운 상황이면 타이핑이나 기계가 출력한 결과를 확인하기 어렵다. 이런 상황에서 기계에 명령을 주어야 하거나 알림을 확인해야 하는 상황이라면 음성 기술을 활용할 수 있다. 이러한 음성 기술 중 하나가 STT(Speech-To-Text)와 TTS(Text-To-Speech)이다.

[STT(Speech-To-Text)와 TTS(Text-To-Speech)]

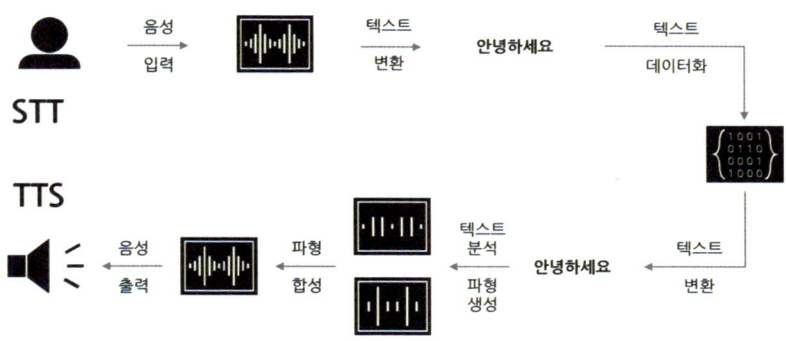

먼저 STT는 사람의 음성을 기계가 인식할 수 있는 텍스트 데이터로 변환하는 기술이다. 사람이 음성을 입력하면 기계가 입력된 음성 신호를 분석하여 텍스트 데이터로 변환하여 기계가 인식할 수 있도록 한다. STT는 음성 명령 인식, 자동 자막 생성, 음성 검색 등 다양한 분야에서 활용되고 있다. STT의 작동 방식은 음성을 입력하면 전처리를 하게 되고, 이 전처리된 데이터에서 소리가 날 때의 파형을 분석하여 음성의 구조와 특징을 인식하게 된다. 이렇게 인식된 신호를 텍스트로 변환하고 언어 처리를 통해 기계가 이해할 수 있는 텍스트 데이터로 출력이 된다. 초기 STT는 단순히 소리를 문자로 바꾸는 데 그쳤지만, 현재는 자연어 처리(NLP) 기술의 발전으로 사람과 기계가 대화를 하는 수준까지에 이르게 되었다.

TTS는 기계가 입력된 텍스트 데이터를 사람이 이해할 수 있는 음성으로 읽어 주는 기술이다. 시각 장애인에게 시각 데이터를 전달하거나 내비게이션 같은 음성 안내 시스템, AI 음성 비서 등 다양한 분야에서 사용되고 있다. TTS의 작동 과정은 크게 텍스트 분석, 음성 합성, 음성 출력으로 나눌 수 있다. 먼저 텍스트를 언어적 구조로 분석하기 위해 N-gram 모델이나 구문 트리 파싱 같은 구문 분석 알고리즘을 사용하여 문장이나 단어, 구문 등을 이해하고, 자연스러운 발음을 위해 단어나 구절의 억양을 설정 및 텍스트 수정을 한다. 그 다음 음절이나 음운 등 음성의 단위를 설정하여 Concatenative TTS, Statistical Parametric TTS, Waveform Generation TTS 등 학습된 모델에 적용 후 음성 파형을 생성하고 자연스러운 발음을 위해 파형들을 조합한다. 이렇게 생성된 파형을 출력 장치를 통해 음성으로 사람에게 들려주게 된다. 초기 TTS는 단순히 문자를 읽어주는 기능으로 로봇과 같은 톤과 억양을 가지고 있었지만, 기계의 하드웨어 발전과 딥러닝의 도입으로 자연스러움과 음성의 품질을 대폭 향상되었고, 실시간 처리와 대화식으로 상호 작용이 가능해졌다.

이처럼 STT와 TTS의 기술이 발전하여 활용할 수 있는 방안이 많아짐에 따라 RPA와의 연계 가능성도 상승했다.

STT 기술을 활용하여 음성으로 명령을 내리고 RPA 시스템이 해당 명령을 해석하여 작업을 자동으로 수행할 수 있다. 예를 들어, 음성 명령을 통해 업무 프로세스를 시작하거나 중단하는 등의 작업을 자동화할 수 있습니다. 나아가 RPA 시스템 구성을 코드 작업 없이 사람의 음성만으로 만들고 추가로 필요한 부분을 추가할 수 있다. 자동으로 음성을 통해 생성된 스크립트에서는 주석이나 참고 문서가 생성되고, 추가로 필요한 부분을 기계가 사용자에게 제안할 수 있다.

또한 TTS 기술을 통해 업무의 수행 여부, 성공 및 실패 등을 음성을 통해 실시간으로 알려 줄 수 있다. 또한 RPA가 업무를 수행하는 중에도 실시간으로 에러 및 도움이 필요할 경우 실패로 끝나는 것이 아니라 추가 작업을 할 수 있게 된다.

STT와 TTS 둘 다 사용함으로 인해 실시간으로 대화를 할 수 있게 되어 많은 이점이 생기게 된다.

이러한 연계를 통해 RPA 시스템과 상호 작용하면 타이핑과 같은 직접 입력이 불가능하거나 화면 등을 볼 수 없는 상황에서도 실시간으로 명령을 내리고 업무 수행 결과를 확인할 수 있기 때문에 작업 효율성이 크게 향상되고 빠르고 정확한 작업 수행이 가능해진다. 또한 RPA에 대한 지식이 부족한 사람들도 복잡한 업무를 쉽게 자동화할 수 있게 된다.

8.4 ChatGPT

ChatGPT는 'Chat Generative Pre-trained Transformer'의 약자로, 오픈 AI에서 개발한 자연어 처리 모델이다. 대규모 텍스트 데이터를 학습하여 자연어 이해 및 생성 작업을 수행할 수 있는 인공 지능 모델로, 많은 양의 데이터를 통해 문맥을 이해하고 문장을 생성하는 등 다양한 자연어 처리 작업을 수행할 수 있다. 쉽게 말하면 인공 지능 대화가 가능한 챗봇이라고 생각하면 된다. 대규모 데이터로 사전 훈련되어 다양한 언어적 패턴과 문맥을 학습하여 이후 특정 작업에 대해 미세 조정을 통해 특정 문제에 적용할 수 있다.

GPT 모델은 다양한 분야에서 활용되며, 자동 글쓰기, 요약, 번역, 질문 응답, 대화 모델, 문서 생성 등 다양한 자연어 처리 작업에 사용되고 있으며 사용자의 입력에 따라 의미 있는 응답을 생성하거나, 대화를 이어나가는 등의 기능을 수행할 수 있다. 최근의 GPT-3 모델은 이전 모델들보다 훨씬 크고 강력한 성능을 갖추었으며, 다양한 분야에서 혁신적인 활용 사례들이 나타나고 있다.

GPT 이전의 챗봇은 주로 규칙 기반 또는 키워드 기반의 접근 방식을 사용하는 것이 일반적이었고 사전에 정의된 규칙이나 키워드에 기반하여 사용자의 입력에 대한 응답을 생성하는 방식을 사용했다. 주어진 규칙 또는 키워드에 따라 미리 정의된 응답을 선택하거나 생성하여 사용자와의 대화를 처리했다. 이러한 규칙 기반 챗봇은 간단한 질문 응답이나 특정 주제에 관한 정보 제공에는 유용했지만, 사용자의 입력이 복잡하거나 다양한 문맥을 다루어야 할 때에는 제한적인 성능을 보였다. 또한 새로운 질문이나 상황에 대응하기 위해서는 새로운 규칙을 수동으로 추가해야 하는 등 유지 보수가 비교적 어려운 측면이 있었다.

하지만 2020년 6월 GPT의 등장으로 인해 이러한 제약이 완화되었다. GPT는 대규모 데이터를 통해 문맥을 이해하고 다양한 언어적 패턴을 학습하기 때문에, 이전의 규칙 기반 챗봇보다 더욱 유연하고 자연스러운 대화를 구현하고 사용자의 다양한 입력과 문맥을 더 잘 이해하고 다양한 주제에 대해 대화할 수 있는 능력이 있다. 사용자들은 GPT와 대화하며 콘텐츠를 생성하기도 하고 작성하고자 하는 문장을 보완하기도 하며 자료 조사 용도 등 다양한 분야에서 활용하고 있다.

그렇다면 RPA에 ChatGPT는 어떻게 연계할 수 있을까? 기존 RPA에서 챗봇을 연계하려는 시도는 많았으나, 담당자들이 정해진 규칙에 맞는 정확한 데이터를 입력하지 않을 경우, RPA로 해당 업무를 수행하기는 어려웠다. GPT는 자연어 처리 능력을 갖춘 모델이기 때문에 사용자들과 자연스러운 대화를 나눌 수 있는 장점이 있기 때문에 사용자가 자연어로 업무를 요청하거나 질문했을 때 RPA로 전달하여 자동화된 작업이 자동 수행할 수 있다. 또한 자동화 업무 프로세스를 정의할 때도 최적화된 프로세스 정의나 문제 해결에 관한 지식을 제공해 줄 수 있다. 그리고 기존 RPA에서는 복잡한 데이터의 처리가 어려웠는데, 이는 데이터를 이해하고 분석할 수 없기 때문이었다. 하지만 GPT에서는 비정형 데이터를 처리하고 해석하여 RPA가 해당 데이터를 기반으로 작업을 수행하거나 의사 결정을 하도록 할 수 있을 것이다. GPT의 자연스러운 대화 능력과 지속적인 학습으로 발전하는 특성, 그리고 RPA의 규칙 기반 자동화와 정확성을 통한 데이터 제공의 장점을 융합하면, 효율성과 생산성을 대폭 향상시킬 수 있다. 이러한 융합은 사용자 경험을 크게 개선하며 다양한 응용 분야에서 더 많은 이점을 제공할 것으로 예상된다.